JN123427

道しるべに会いに行く

丹沢・不老山周辺の岩田澗泉さんの道標

浅井紀子 著

三宅岳 写真

◇◇

はじめに

　富士箱根トレイルは静岡県駿東郡小山町のホームページに、次のように紹介されています。

　「静岡県と山梨県、神奈川県の県境に位置し、富士山五合目から西丹沢と呼ばれる三国山稜・湯船山・不老山を経て、足柄山系の金時山までを縦走する全長約43kmのトレイルです。さらに、金時山からは、神奈川県箱根町へ至るルートに接続しています。ルート上には、ブナ林を始めとする落葉樹林帯が広がり、四季折々の表情を見せてくれます。春から初夏にかけては多くの花に彩られ、富士山麓周辺に自生するサンショウバラの群落を見ることが出来ます。」

　40kmを超えるルートなので、一般的には一日で全体を歩くことは難しいのですが、全体的に岩場や鎖場などの難路はないので、ハイキングコースとして家族連れ、中高年にも楽しめるルートです。

　このルートに、個性的な道しるべが点在していることは、ハイカーたちによく知られています。小山町に住んでいらした岩田淵泉さんという方が作られた私製の道しるべです。カラフルな花や鳥のイラストがあったり、万葉集の歌の紹介やクイズがあったりと、創意工夫されていてとても味わいのある

3

◇◇◇

ものです。残念なことに数年前に岩田さんは他界されたので、新しい道しるべはもう見ることができません。

　道しるべをめぐっては、かつて小山町ともめごとがあって、訴訟に至ったということですが、その後小山町長からも和解のメッセージが公表され、岩田さんが存命のうちに対立が氷解したようです。

　すでに多くの道しるべが、風化のために落下したり、色あせたりして失われていますが、あくまでボランティアで設置したものであり、ご本人が亡き後に補修されることはないわけです。岩田さんの道しるべは、ルートや地名を表示するものというより、そのルートへの愛情があふれた表現が様々な形で示されたものです。中には「けばけばしい」「乱立していてうるさい」といった感想を持つ方もいるのかもしれませんが、多くのハイカーたちが岩田さんの道しるべを楽しんで、微笑ましく思っていることは間違いありません。形も様々な160を超える数の大きな道しるべを、山中に建てた岩田さんのこの道に対する愛情には脱帽します。

　岩田さんの亡き後、この道しるべが一つ、また一つと失われていくことはとても残念で、何とかならないのだろうかと思いました。しかし、自然が移り変わるように、人も、また人の営みも、いつしか姿を変えて行くことは仕方のないことです。私自身も、あと何回岩田さんの道しるべに会いに行ける

かな、と思いながら何度かこのルートを歩いていました。

　ある時、岩田さんの道しるべをテーマとした写真集が出される予定があったこと、しかし残念なことに、岩田さんのご逝去もあり、出版が取りやめになったことを知りました。

　そうか、本に残してあれば、道しるべが風化し、文字が読めなくなっても、何度でも道しるべに会える。そんな思いから道しるべの記録を作ってみようと思いました。

　そうは言っても、すでに風化してなくなったものも多く、私自身で確かめられるものは限られているので、三宅岳さんを始めとして、ネット上に紹介された写真が頼りの作業でした。画像からは判読できないものもあり、不完全なものになってしまいました。私の力不足もあり、判読できないところはそのままになっていますので、どうかご覧の皆様の想像力で補ってください。私の無知による誤解や誤読など、間違いもあるかと思います。

　不老山近辺にはまだ、立てられてからあまり日が経っていない道しるべもあって、色も鮮やかです。皆さんもそれらの道しるべが残っているうちにこのルートを歩いてお楽しみください。

もくじ

道しるべは招くよ

三宅岳 写真集

13

17

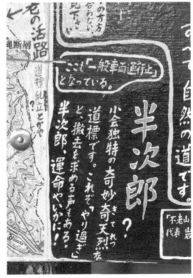

アートとしての道しるべ

三宅岳

2009年。秋。

幾葉かの写真と共に、岩田さんの道標について雑誌「山と溪谷」に寄稿した。少々長いが、すでに一昔以前となった当時を振り返るべく、全文を載せてみる（但し、一部加筆訂正をさせていただいた）。

みちしるべ。

ひとり寂しく歩くときにも、仲間でワイワイ歩くときにも、ふと気になるのが道の行く末。そんなとき路傍の道しるべが、どれだけ心を温めてくれることか。そんな経験を二度三度、いやいや毎度の山歩きでかさねている人も少なくないだろう。

さて、処は丹沢山塊をずずずと西に向かった最果ての地。もはや相模の国を離れて駿河の国、静岡県小山町に踏み入った山域である。不老山から湯船山、さらに三国山稜を乗り越え篭坂峠に至る県境の山々。近年じわりじわりと人気の出てきたこの一帯の、その人気を影ながら、いやいや正面堂々と支えているのが「道しるべ」なのであります。

ふと立ち止まる要所要所に、すくっと立ちあがる道しるべの、なんと楽しいこと。まずは道しるべとして、ここがどこであり分かれる道はいずこへ続くか、といった情報が書かれるのみならず。そこに描かれるは、花鳥風月の趣であり、嘘か実かの故事来歴、挙げ句の果てにはなぞなぞで知識を問われるという、何とも摩訶不思議なる道しるべ。

25

オマケにその出で立ちときたら、曲線多用の遠景描写がそのまま輪郭となる看板風があれば、廃物スピーカーを傘にした謎の浪人風あり、刻みも粗い木訥彫刻あり。遊び心が遊びを呼んで、もはやアートの領域へ踏み込む道しるべ。とにかく頬が緩むこと必定という面白おかしな道標がずらり。

　しかし、頬が緩むばかりではなく、時には激しい情のこもった「一筆申し上げ候」調の少々穏やかならぬ反骨の道標まであり、ウームと唸らされる始末。

　これらの道しるべ。地元の小山町に暮らす岩田澗泉さんの手で製作設置が行われたものである。

＊　　　　＊

　小柄ながらも、飄々と風を受け流すように山道を歩く岩田さん。時間が許せば足繁く山々に通い、道標を整える日々を過ごされていた。

　さらに、自宅前は下山した登山者も多く通る場所。ザックを背負った人を見かければ、にこやかな笑顔とともに声をかけ、山の様子・道の状況を尋ねている。とにかくフットワークの軽い岩田さん。何と大正15年の生まれである。当時すでに80歳を優に越していたのだから驚きだ。

　ところで、岩田さんが設置した道標は、平成6年以来14年間に160本強にものぼるという。これだけの導標を個人で立て続けたのは驚異としか言いようもない。

　さて、岩田さんがこれ程までに道標を立てることにこだわった理由はけっして一つではない。さまざまな理由が輻湊して岩田さんを駆り立てたのである。

　そのさまざまな理由を、ぐっとしぼってザックリと記そう。この山域では指導標が老朽化して実際に道迷いが発生していた。ところが行政側は適切な指導標を立てなかった。さらに、やっと立てられた指導標には、かえって道

迷いを誘発するようなものまであったのだ。

「そこにあるだけで罪な道標」と判断した岩田さん。その道標を引っこ抜き、道標持参で警察に自首したことまであったという。

こういった諸処の理由から、岩田さんは自らの手で、指導標を立て続けた。

「ハイカーに楽しんでもらいたい」「自然保護も訴えたい」。さらに「（普通の）道標では面白味がない」。岩田さんならではの過剰なサービス精神が、むくむくと発露。あっという間に、道標というかたちで具現化していったのだ。

だからこそ、山野草の鮮やかな絵、そして木目や材の曲線を活かすなどしたユニークな形。そしてちょっとエスプリを含んだ解説文。眺めれば眺めるほどにニヤリとさせられる岩田道標が誕生したのである。

なお、「山は山をして語らしむべし」と賑やかな道標が批難されることもあった。その言葉に、「余分なことを書きすぎたかな」と思いながらも、多くの励ましを背に道標を立て続けた岩田さんなのであった。

＊　　　　＊

この原稿が雑誌に掲載された後の2013年5月、東京・東中野のポレポレ座にて『みちしるべ　岩田淵泉さんの道標』という写真展を開催した（次頁以降に、展覧会の案内ならびにその折にうたったオリジナル曲の歌詞を追記）。写真のみならず、実際の道標も設置、さらにはトークショーも開催。

会場では多くの人に岩田道標の妙味を味わっていただき、さらには岩田さん自身の思いを感じていただけたはずである。なお、写真展は、岩田さんをめぐる訴訟の応援という、少々不純な、いやいや、とても純なる思いをたっぷり込めての開催であったことも付記しておきたい。

往時を振り返ると、岩田さんをめぐる行政の有様には、怒りを突き抜けて、

底の見えない悲しみが深く横たわっていた。その悲しみを書こうと思えばいくらでも書けそうだが、本書の趣旨から外れていよう。いつか別な機会に話しができるだろうか。

　なお、岩田さんが亡くなられたのは2017年秋のことであった。あえて記せば、さみしさばかりが際立つ、おわかれであった。

　せっかくなので、写真展のDMに記した案内、そして、トークショーの冒頭で歌ったオリジナル曲「みちしるべの歌」も紹介しておこう。

写真展「みちしるべ岩田淵泉さんの道標」ご案内

　丹沢山塊の最果て、富士山や箱根とも境を接するのが、不老山から三国山、篭坂峠から立山・畑尾山にいたる、静岡県小山町の山域です。この山々に大いなる魅力を添えているのが、みちしるべ＝道標です。

　大正15年生まれという岩田淵泉（いわたたにいずみ）翁が、平成6年より個人で立てはじめた「みちしるべ」。それは、登山者に来し方行く末を知らせ、安全に導くという正しい道しるべでありながら、その一方で、圧倒的にユニークなパブリックアートでもあります。現在では岩田翁のみちしるべを見たさに、この山々に足を運ぶ登山者さえ少なくはないほどの、見事なアート。圧倒的な存在感、唯一無二のユーモア、そして沸々たる情熱のアイロニー。米寿まですぐそこという古老の地元の山に対する熱い熱い思いが、ごっそり詰まった道標です。

　ところで、「淵と泉のアミューズメントトラベル社」という皮肉いっぱいの名を称し、地元の山々へ人を無料で案内するなどの活動もされ、多くの登山

さがみ大山まいりと祈りのみち
大山講73万戸、4万5千kmの現地調査記録

さがみ大山まいりと祈りのみち

大山講73万戸、4万5千kmの現地調査記録

石井政夫

新刊

ど〜ん！と A4版/356頁
定価本体4900円＋税
2024年1月6日発行
ISBN978-4-910793-07-8

石井政夫

いしい・まさお
神奈川県中郡大山町子易（伊勢原市子易）に生まれ
る。大山小学校、大山中学校を卒業。長年、大山講に
ついて研究している。
著書に『四千年のパワースポット霊峰大山』（銀の鈴
社）『相州大山の俳句の歴史と句碑・歌碑』（株式会
社ティケイ）

ホントに歩く®フォーラム
会員募集中！

みなさまのご参加をお待ちしております。

- ・「ホントに歩く」フォーラムは、街道歩きに関心のある人のネット上の**情報交換の場**です。どなたでも、参加できます。会費・会則なし。
- ・「ホントに歩く」マップの街道を完歩されると、**「完歩証」**を発行します。
- ・フォーラムでは、さまざまな情報、イベント、特典を提供していきます。**「ラウンジ（お便りページ）」**に投稿ができます（閲覧自由）。
- ・**「追加・訂正情報」**をHPに随時アップ。お出かけ前にぜひご覧下さい。

風人社「フォーラム」お申し込み
https://www.fujinsha.co.jp/honto-forum/

ラウンジページ

追加・訂正

「ホントに歩く」フォーラム

マップ、書籍のご注文できます

弊社の出版物は全国の書店様からご注文できます。弊社からの直送も可。

- ・2500円以上、送料弊社負担。
- ・通信誌「カワラ版」最新号を同封いたします。
- ・「ホントに歩く東海道」「ホントに歩く中山道」は割引セットがございます。
  他にもお得なセットあります。

風人社オンラインショップ
https://patient-forest-9395.stores.jp/

- ・お電話、FAXでもご注文お受けいたします。
  TEL 03-5761-7941　FAX:03-5761-7942

風人社オンラインショップ

ユーザー登録をお願いします

◆このたびは、弊社出版物をご購入くださいまして、誠に有難うございました。本状はユーザー登録カードです。新刊、講演会、イベント情報ほかご案内を、「愛読者通信」eメールにてお送りします。「ホントに歩くフォーラム」会員登録、「ホントに歩いた完歩証」発行などのご案内も差し上げます。ユーザー登録は、右のQRコード、もしくは弊社HPのユーザー登録フォーム（http://www.fujinsha.co.jp/user-t/）からお申し込み下さい。本状をファクス(03-5761-7942)してくださってもけっこうです。

◇ご購入商品名 (シリーズは巻数も)

_____

◇ご購入方法は？

　書店名：_____市 (区)_____　書店

　弊社からの直送・その他 (　　　　　　　　　　　　　　　)

◇この商品を何でお知りになりましたか？

_____

◇ご感想・ご通信欄

新潟・福島・長野・栃木・群馬・茨城・埼玉・千葉・東京・山梨・静岡・神奈川・離島（八丈島・小笠原など）からも人々は大山をめざしました。

著者は、関東、東海、甲信越、伊豆諸島など、江戸時代に檀家があった市町村を訪ね歩きました。その記録が、各地からの大山街道だけでなく、東海道、中山道は〆め五街道や鎌倉街道、それぞれの街道をつなぐ〈道〉など、大山の檀家があった場所をつないでいって、新たな街道歩きのヒントになり、とても興味深いです。

ご注文・お問い合わせ
株式会社 風人社
TEL 03-5761-7941
FAX 03-5761-7942
〒201-0005 東京都狛江市岩戸北1-2-6-704
https://www.fujinsha.co.jp
twitter @fujinsha

ホームページ

者に愛され敬われる翁ですが、一方で、あまりに山を愛し、正義を旨とするその人となりには風当たりも強く、それは地元自治体との対立、さらには刑事事件民事事件にまで発展しています。牢屋にまでぶち込まれるという悲しく恐ろしい現実が突きつけられています。

　今回の写真展は、そんな翁のみちしるべを、多くの人に知ってもらい存分に楽しんでもらおうと思い企画しました。撮影した道標にも、すでに誰かにより撤去されたもの、経年変化で色あせたものもかなりあります。写真となって再現される、岩田澗泉の世界。全体からディテールまで、少しでも味わっていただければ、と思います。

　そして、少しでも岩田翁の支えになっていただければ、これに増す喜びはありません。岩田翁の応援団が増えれば、さらなる作品にもつながると考えております。

　なお、会期中には岩田翁のトークショーも考えています。翁の温厚で情熱的で、そして摩訶不思議なる人柄にふれていただければ！ぜひ足をお運び下さい。

期日　2013年5月14日（火）から26日（日）まで　月曜休み
　　　火曜〜土曜11：30 〜 21：00　日曜11：30 〜 18：00
会場　東中野駅前ポレポレ坐　中野区東中野4-4-1-1階　03−3227−1405
　　　居心地良い、食べて美味しい飲んで楽しい喫茶店です。

＊会期中の18日に同会場で午後5時より岩田さんのトークショー等を予定。
　定員は70名先着。
　いったん午後４時に会場を閉めてから、5時に再入場となります。

みちしるべの歌　2013/05/18

真っ赤な夕焼け　消えていった
右か左か　闇の中
登るか下るか　泥の道

お月さんは　笑わない
行こうか　戻ろうか　霧の中
進んで　止まって、分かれ道

東西南北
左右に上下
甲乙丙丁
みちしるべ

山椒薔薇は　どこ行った
笑って　泣いて　びしょ濡れだ
下って上って　ドシャブリだ

湯船山で　風吹いて
不老山から　雪交じり
滑って転んで　べそかいた

東西南北
左右に上下
甲乙丙丁
みちしるべ

そこにあったが
みちしるべ
お助け下さい
みちしるべ

なんだか不思議な
みちしるべ

おもわずわらった
みちしるべ

1

入山口

岩田さんの道しるべが立っているのは、富士箱根トレイルロードの西側、立山周辺から、三国山、湯船山、不老山を経て御殿場線駿河小山駅付近までのエリアなので、そこへの入り口としていくつかを紹介する。

小山町周辺図

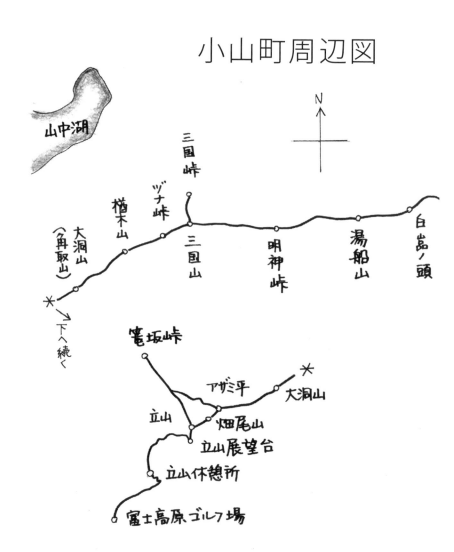

山中湖

三国峠

ヅナ峠

楢木山

大洞山
（角取山）

三国山

明神峠

湯船山

白㞮ノ頭

N

下へ続く

篭坂峠

アザミ平

大洞山

立山

畑尾山

立山展望台

立山休憩所

富士高原ゴルフ場

32

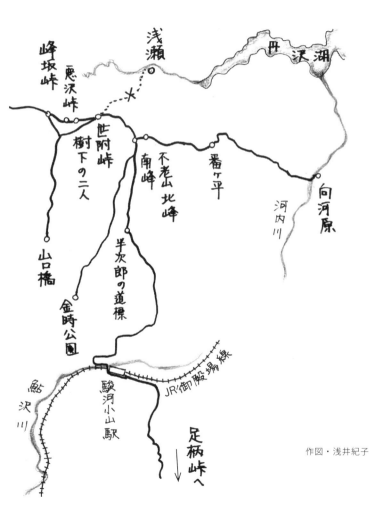

浅瀬

丹沢湖

峰坂峠

悪沢峠

世附峠

樹下の二人

不老山北峰

南峰

番ヶ平

向河原

河内川

山口橋

半次郎の道標

金時公園

鮎沢川

駿河小山駅

JR御殿場線

足柄峠へ

作図・浅井紀子

33

向河原から

このトレイルの東側から入山するコースは、JR松田駅（または小田急線新松田駅）から西丹沢ビジターセンターへ向かうバスを向河原（または一つ手前の山市場）で途中下車する。バスが来た道を少し戻り、河内川を渡って左手に少し進むと農地の間から入る登山口がある。登り始めは意外と急登で歩きにくいが、後半は起伏が少ない。岩田さんの道しるべは不老山の山頂付近まであまり見られない。

不老山の登山者が多い6月頃を除けば、あまり入山者は多くないので静かに歩くことが出来る。秋口に入山したときには、農地から登山口に入って5分ほどの所で鹿の群れに出会った。

しっかりとした橋が架かっている

浅瀬から

古い地図には「吊り橋は一人ずつ渡る」と書いてあったりするが、2010年秋に吊り橋は流出してなくなっている。上記と同じく松田駅あるいは谷峨駅から西丹沢へ向かうバスの途中、丹沢湖の先の浅瀬入り口で下車する。トンネルをくぐって山北山中湖線をたどり、世附川にかかる夕滝橋（吊り橋）を渡って世附峠へ登るルートが、かつては不老山へ行くメインルートだったのかもしれない。しかし台風によって林道が崩壊し、橋も流されてしまった。林道はようやく近年になって復旧したが、橋はまだかかっていない。渡渉し

て対岸に取り付き、かつての登山道を探りながら登ることはできるが、登山道は整備されていないので、初心者や家族連れは避けた方がいいだろう。

夕滝橋がかかっていた跡がある

1978年に三保ダムの完成によってできた人造湖が丹沢湖だ。湖底には200世帯余りの三保村の集落が沈んだ。その世帯主氏名を刻した「望郷の碑」が、丹沢湖畔の県道脇に建てられている。かつては、その奥の浅瀬から地蔵平と水ノ木まで二路線の森林鉄道があったということだ。当時はバス路線もあって集落の人々の生活が穏やかに営まれていたのだろう（奥野幸道, 1994年）。

世附峠に抜ける道は駿河小山方面に抜ける生活道路だったのかもしれない。丹沢湖に沿って林道を歩いていると、エメラルドグリーンの湖水の向こう側にゆったりと稜線を見せている太郎小屋山や日影山、そして不老山の峰を左手に眺めることが出来る。ゲートを超えて浅瀬橋の先の吊り橋からいよいよ入山というこのコースは不老山を目指すには絶好のロケーションのように思える。復活を望みたい。

立山から
たちやま

逆に西からこのトレイルに入るのが富士山の須走から三国山ハイキングコースへのルートということになる。入山口はいくつかあって、車なら道の駅須走、バスなら篭坂峠、三国山ハイキングコース入口、須走浅間神社などか

らスタートできる。登山道の土はスコリ
アという火山性のザクザクした軽石で、
富士山の裾野を歩いているという実感が
ある。道しるべは立山のあたりで沢山会
えたが、このあたりのものは初期のころ
に設置されたものが多いようで傷みが激
しく、今ではすでになくなっているもの
が多い。

あざみ平の道しるべを見送り、気持ちよい
ルートをたどる

　杉の植林が多い東側の丹沢のルートと
異なり、自然林が多く落葉広葉樹林なので、新緑、紅葉、そして落葉後の明
るい冬の山歩きと、どの季節も心和むルートだ。下山口としてここを選ぶと
富士山が次第に大きくなる姿を楽しめるのも良い。

明神峠から

みょうじんとうげ

　ちょうど中間地点にある明神峠には、
春から秋にかけてのみ、駿河小山駅から
のバスが出ている。全コースを歩くには
少しきついという私には、ここから西に
向かうか、東に向かうというのがちょう
どよい。ただしこのバスは片道だけなの
で下山には使えない。マイカーで入る人
のための駐車場はほとんどないので避け
た方がよい。

明神峠から東側への入山口。道しるべは傾
いていた

ここから東に向かえば、湯船山、白クラノ頭、樹下の二人（蘇峰台）を経て不老山に至る。西に向かうと三国山、大洞山、アザミ平を経て篭坂峠、あるいは紅富台へと抜けるルートだ。この西へ向かうルートの三国山から籠坂峠のルートをハンス・シュトルテは「丹沢の尻尾」と名付けている。氏のイラストによると塔ノ岳から三国山までが狐の胴体で、三国山から西側が尻尾ということだが（ハンス・シュトルテ, 1995年）、地図を眺めてみよう。

駿河小山駅から
<small>する　が　お　やまえき</small>

　御殿場線の駿河小山駅から金時公園を経由するコースか、生土を経由して不老山に登るコースがある。特に後者は「不老の活路」と呼ばれていて、一番たくさんの道しるべに会える。駅を出て山に向かう歩道橋でもWelcomeと表示された道しるべが迎えてくれる。金時公園よりさらに西へ回り、柳島の山口橋から林道をたどって世附峠にのぼるコースもある。

　少し古い登山ルートを紹介した書籍「富士を見る山歩き」の中に、不老山登山のコース紹介があり、「地元の人の努力によって独特な道標が立てられ、詳しい情報が得られるようになっている」と説明されている。小山町からの登山ルート上と思われる道標の写真も一枚あり「コースの時間ばかりでなく、名所の紹介までしている」という記述がある（工藤隆雄, 1996年）。道しるべ初期のころの様子がうかがえる。

御殿場線を越えて、鮎沢川を渡ると力作の
道しるべが迎えてくれる

2

道しるべの姿

単独で山に登ることが多い私には、道しるべは心強いガイドだ。地図で確かめながら歩く先々で、道しるべを見つけるとホッとする。岩田さんの道しるべは、ルートの方向や距離だけではなく、鳥や花のイラスト、万葉集などの短歌も記されていて、思わず微笑みを誘うものだ。一人で歩いているときは、道しるべに「やあ、よく来ましたね」と声を掛けられたような気がする。

　「ほら、あなたがいるのはここですよ」

　「もう少しで○○につきますからね」

　そして「ここは良い所でしょ」

　「鳥も花もみんなここが大好きなんです」

　「短歌でも詠みたくなりませんか」　時には

　「今日は霧が濃くて残念ですね。晴れた日にはこの先で海が見えるのですよ。また来てください」などと

　もちろん同行者がいる時も、

　「これは何のかたちかな」

　「この花は何の花かな」

　「こっちにも道しるべがある」

　「このクイズの答えわかる？」と会話がはずむ。

　すでに今は朽ち果てて、失われたものも多く、再会できない道しるべも多くなってしまった。さて、まだ会える道しるべはどこにあるだろう。

1. 天神山コース 注意（B）　2. 雪のあざみ平（B）　3. 番犬付き（B）　4. 炭焼道（D）　5. マツダのホイール（C）
6. 必見 樹下の二人へ（D）

（　）内のアルファベットは撮影者。118頁参照。ないものは著者の撮影。以下同

7. 殿、姫！（D）　8. 嘉門次の言葉です（C）　9. 無言坂（F）　10. 駿河小山駅まであと少し
11. 霊峰不老山（D）　12. 岩田画伯の霊峰富士（H）

13. 緑の帽子 2005年3月20日（G）　　**14.** 鮎沢川の橋 2013年6月9日（B）　　**15.** 送電線付き 2013年6月9日（B）

16. 岩田さんのご自宅で、デビューを待つ道しるべ 2009年2月10日 (I)　17. 秋の三国山稜
18. サンショウバラ　19. サンショウバラに飾られて 2020年6月3日

44

3

道しるべの言葉

世附峠の道しるべをはじめとして、いくつかのものは、とてもたくさんの文字や情報が書き込まれている。それらを全部読んでいると、足の遅い私などは、予定の時刻までに下山できなくなりそうだ。そんな時は写真を撮って後で読み返そうと思うが、雑な撮影をしたために、ピントが甘かったり、隅まで写っていなかったりして、結局読めなかったものがある。

　今ではもうすでに跡形もなく風化しているものがあるので、いろいろな方が過去に撮影した写真を参考にさせていただき、できる範囲で書き起こしてみた。始めはただの好奇心で読み取っていたが、そこには岩田さんが道しるべを立てた理由や、道しるべをめぐる周囲の方との行き違いなどにも触れた記述があり、20年近く、登山道の整備に取り組んでこられた岩田さんの心の内が伝わってくる。

　岩田さんを山歩きの世界へと誘った奥様や、「不老を愛する会」のもう一人の会員尾崎さん、岩田さんのファンであるハイカーなどの協力者はいたようだが、ときには否定的な意見を言われることもあったのだろうと推測される。

　もともと文学に親しみ、短歌をたくさん愛読していた岩田さんは、山中で万葉集のあの歌、この歌と思い出し、時空を超えて万葉人とも会話をされていたにちがいない。そしてまた、自作の道しるべや看板を見て立ち止まるファミリーハイキングの子供たちのことを思い浮かべ、クイズを書き加えたりしてくれた。

　博学な岩田さんの文章を読み取るには、私自身の知識は全く不足していて、読み取れないものもあり、誤読や誤解もあると思う。岩田さん、悪しからずご容赦ください。読者の方で間違いに気づいた方はお知らせいただけるとありがたい。

■ 古い道しるべ

　今はもう見られないものが多いだろう。ＨＰやブログに記録を残された方の協力を得ていくつか書き取ることが出来た。写真からはどうしても読み取れなかった文字は、文中で○と記した。

1.「杉も檜も……」

「72才」との記載から1998年ごろの道しるべ

1（G）

杉（花）も檜（嵐）も踏み越えて　行くが熟女（男）の生きる道
泣いてくれるな　ほろほろ鳥よ　月の不老（比えい）を　独り行く

　天が与え給うた試練でしょうか。風倒木が行手をさえぎります。これを完全に排除するのは、72才の古老（孤老？）には難儀です。踏み越え、また、くぐり抜けたり…不老をめざしてお進みあれ

2.「蘇峰台」

　ここでは「蘇峰台と改名」と記されているが、のちに「樹下の二人」という名前に戻して新しい道しるべ（56頁）が設置されたようだ。2003年設置との記載あり。

2（G）

〈上部の山名など〉
不老山928m　世附峠　「樹下の二人」を改名　蘇峰台740.2m　悪沢峠

ヒオウギ　悲しきかな絶えだえです　保ゴを訴えます

峰坂峠　湯船山1041m　🚻明神峠　三国山1323m　大洞山（角取山）1383m

あざみ平　🚻篭坂峠　徳富蘇峰記念館　山中湖981m

御下山は　金時公園コース　または県境尾根生土コースを通り　スルガオヤマ駅へ←
よこへ

お薦めコース 駿河小山駅　8:38＝タクシー＝明神峠…湯船山…ゆづく峠…不老山

県境生土コース…スルガオヤマ駅　16:27

距離　15.6km　歩数―14,800歩　5時間30分　タクシー代3,340～3,420円（5人乗）

ロッコンショウジョウ　六根清浄
フーローチョージュー　不老長寿
フーローフーシー　不老不死

（花の絵に添えて）
りんりん　りんどうは凛として　野に在りてこそ
ヒオウギ　あやめ科の多年草　檜扇をひらいた形に葉の形状が似る。種は黒く「ぬば
　たま」と言う。
サンショウバラ　山を彩る花木、野草、これらみな国民みんなのもの。持ち出す者は
　ドロボーです。
クマガイ草　この花もまた消えゆく

入山の法度掟　神聖なる当山域　以下厳守のこと
　・植物を取らない
　・ごみは持ち帰る
　・ご用たしは場所を考え、事後土をかぶせる（ネコでもこれをするのです）
六根清浄　お山は清浄

汚すまじ　この清らかな自然を
静岡県指定　自然環境保全地区
ブナ、カエデ、ヒメシャラ、ヤマボウシなどに混じりミツバツツジ、サンショウバラ、
フジザクラ、そしてヤマシャクヤクなどの清楚な花花————
林相の殊の外美し

これらの花々が　年々この山から消えてゆきつつあります。絶滅しかけてるものも…
当小会（会員2人）は老骨（77才、85才）に不老の活を入れて　この山を守らんと

山の自然を愛する方々に　幸多かれと　山の草木を盗み取る人間の心を正さんと
心をこめて　　2003.11　岩田作（77才）

〈左側の側面の追加看板〉
県境生土コース　道標、完備
♨温泉あり
駿河小山駅
上り電車
15:23, 15:50, 16:27, 17:09, 17:48

3 (G)

3. 「不二見台」

2003年11月23日という日付あり。（内容の書き取りは岡澤重男さん）

4 (G)

一休みしませんか　ここは不二見台です。
「玲瓏として久方の天の一方におはしける」
"不二の山"の無二の見晴台です。

ここが最も華やぐのは、初夏六月上旬、山椒ばらが不老の山に咲き、ほととぎすがトランペットを高らかに奏で、残雪の富士が躍り出て壮大なオペラを演じる頃ですが、年間、四季おりおりのおいでをお待ちします。

求婚の条件として、不死の山にある不老不死の薬を求めたのはかぐや姫。不死はともかく86才にして全く壮健、不老そのもの、小会の尾崎翁の不老の活源は、ここ不老山にあります。かぐや姫の求める、現代の不老長生、不老長寿、不老長久の妙法、霊方は、ここ不老の山に足しげく登ることと想いますが、いかがでしょうか。

（写真に添えて）三つ峠付近のもの　注）この写真はここでのものに非らず

ヒオウギ
本草が右上の所に自生しています。小会（会員2人、77と86才）は、山の宝、山のいのちであるこれらの花花を守らんと、老骨に不老の活を入れ鋭意努力してきました。が、しかし、悲しいかな、次々と草花や花の大木までもが悪質な人に盗掘されています。
花花の保護を心より御願い申し上げます。　とりどりに　野に咲く花の　愛しさよ

ヤマシャクヤク
半開きのふくよかな白い花、匂うばかりの山のかぐや姫。持ち帰り、家で育てる。それはなりません。国民みんなのものです。山の"一隅を照らすもの、国の宝なり"それは国宝泥棒です。かぐや姫の拉致デス。山ノ植物ヲ取ル者　入山ヲ許サズ
－不老明神

現在地について
富士山が見えるよう、ここの国有林のヒノキを許可をえて切らせていただきました。さて、ふじ山の本日のながめ？　あいにくでしたら右の写真や次の歌でご想像下さい。
　　不二の山玲瓏（れいろう）として　久方の天（あめ）の一方に　おはしけるかも　　　（北原 白秋）

フタリシズカ
ひとりでも　不老の神と　同行二人
野の花を大切に！
小山町小山＊＊　岩田 タニイズミ
電話番号＊＊＊＊＊　　　2003.11.23

〈裏面〉
湯船山　不老山を愛する会（会員二名　77才　86才）　2003年12月作

2009年には崩れた道しるべに新しい看板が付けられていた。

5（D）

■ 力作、大作

4. 「世附峠」

　世附峠でこの看板を見た誰もが驚く大作だ。

　15（73頁）の道しるべに「最初の一本の道標を世附峠に立てて早一年」と書いてあることから、これが第1号ということで、1994年頃に設置されたことになる。いくつかの写真では支柱から落下しているが、何度か補修されているようだ。2020年に訪れた時もしっかりと立っていた。この看板は木製ではなく金属板でできているが、どうやってここに運んだのだろう。

6（D）2009年撮影

（稜線の左から）
番ヶ平867－不老山928　眺望○良←高度差　213m　45分→世附峠715　←片道7分→　樹下の二人735　眺望絶佳－悪沢峠715－峰坂峠720－白嵓ノ頭978－湯船山1041m－明神山976－明神峠915－三国山1335

（不老山）
この林道　不老山の中腹　神奈川県境を巻き、番が平を経て塩沢の上部で行き止まりです。終点は有刺鉄線で囲まれていて　小山町の生土へ抜けることはできません。
「不老」の名につられて不老山に来られる方や、○○○の本の「山頂付近にはサンショウバラの花も見られる」ことを期待される方、または丹沢湖と富士山の眺めに心ときめかせておいでの方が多いのです　……（以下三行ほど削除）……

（樹下の二人）
不老山へ行かれる方も、ここまでは近いですからおいでになりませんか
眺望絶佳
　　あれが金時山　明神岳　あの光るのが駿河湾
　　ここはあなたの憩いの広場

（悪沢峠）　この辺のヒノキが切り払われて　眺望が良くなりました。しかしまた　ヒノキが植えられてしまいました

（峰坂峠）　越ゆる人まれにもあれば石いでて　荒き山路に咲くりんどうの花

（白嵓ノ頭）
嵓は嵒とも　巖に通じ　岩のこと
縦走コースには露岩は見られませんが　コースを外れると岩○があり　滝もあります。
この辺り昭和三十年頃　銘木アズサ（梓、皇太子の家紋の木）の大木がたくさんありましたが、すべて切り尽くされてしまいました。今はまぼろしの木となってしまいました。

自然環境保全地区（静岡県指定普通地区）
　　上の指定は昭和五十年ですが、もう二十年早く保全に気づいていたら日本でも名高い美林になっていたと悔やまれる

7（G）　2005年撮影の写真では、サンショウバラの看板の横でこの看板は倒れている

（湯船山）
冬の澄んだ日には　山頂から江の島が見える

ブナ　ミズナラ　カエデなど巨木鬱蒼

湯船山ハイキングコース
本コースは1965年の静岡県スポーツ祭山岳競技が行われた山域であり　登山者に深く愛されています。
自然の樹木が多く　小山町随一のハイキングコースです。なのに、当局は全く手を入れず放置し、径路は荒れ　道標も一本残らず朽ち果ててしまいました。
小山町が最近建てたこの金太郎の道標も何故か本コースを無視しています。
湯船山はひどく冷遇されています。この不遇の山に光をと、道をととのえ、道標を完備しました。

（明神山）
あれが箱根の外輪山 あの光るのが駿河湾、そして西丹沢の山や峰々 好展望あり

（明神峠）
明神峠976は 世附峠715よりも 200m高い。ゆえに、ならば、
　明神峠から入山なさるのが…

富士急様 明神峠までバスを昔のように運行してください。土日、休日（シーズ
　ン中)右お願い申し上げます
明神峠915 三・九粁 高度差450m 明神峠入口465 上り73分 下り48分

（バス時刻表）
本コースの難点は明神峠へのバス便がないことです とばす車を避け、排気ガス
を吸い コンクリート道を歩くのは不快です。 不老山から金時公園への道も大
半は悪評判の不愉快な道路です

（下の地図）
山市場－中川－丹沢湖－浅瀬345－世附川－広河原－土沢－水ノ木

〈不明瞭な部分〉
一部の地図に「世附峠西側廃道状態のため縦走は不適」とありますが、1994年8月
まではその状態でしたが、その後刈り払いされ、ボランティアの手で楽しい道標
も完備されて家族づれでも安全で楽しく歩ける一般ハイキングコースとなりま
した。乞うご期待

責任者 「湯船山を愛する会」岩田潤泉 ****-**-**** 小山町音淵

（写真7の書き取り）
サンショウバラ群生地
当山中最も美しい所です。ここから片道約12分、入口は、ほら、そこの湯船山
及び「樹下の二人」への入口です。道標に案内されルンルンと行く。「樹下の二人」
に着き、そこから70mの所です。花期は五月中旬～六月上旬ごろ。白い肌に朱が
さして、アルプスの少女のような風情の名花です。
雪残る 富士山椒ばらや 不老山

5. 「樹下の二人」

印象深い道しるべ。2006年2月3日設置

8（D）　2009年撮影の写真では「火の用心」の帽子が取れている。

9（A）　2008年撮影

あれが安達太良山　あの光るのが阿武隈川　こうしてことば少なに座っている
とうっとり眠る　ここはあなたの生まれたふるさと　高村光太郎「智恵子抄」中
　　樹下の二人

別名　「蘇峰台」と呼んだ時もありました　次の史実があります
　昭和11年（1936）8月30日　徳富蘇峰が夫人と2台のかごにのり、人夫17人
随伴者など計50人で午前4時　山中湖発、水ノ木〜本棚の滝〜峰坂峠、そして
ここの景観に見入ったという　（昭和11年9月「小山町○○」より）

澄んだ日には、遠くに駿河湾も見えます。ここの樹下に座っていると、詩の世
界にひたります。

こまっちゃうナ　ここの呼び名がふたつでは、こまっちゃうとか　統一すべき
とか　小生も困っています。史実に即せば蘇峰台とすべきでしょうが、現今で
は　この名を知る人は皆無です。無責任ですが　お好みのように呼んでくださ
い。

あれが湯船山　不老山　あの光るのが駿河湾　こうして静かに座っていると
うっとり夢心地になる　ここはあなたやわたしの夢のひろば

Q&A
「二人」がだれかは問いません。ここの「樹」の木の名は何ですか　答えはうらに

小会より　小会は会員二人で湯船山—不老山コース整備を志し、平成3年ここ
を「樹下の二人」と勝手に呼びました。老残の身（○○○○）に不老の活（喝）を
入れ、今後10年　白寿　米寿まで頑張る覚悟です。
　不老なる山をめざして　われらゆく　あまた難関こえては越えて
　　　小山町**-*　岩田

〈裏面〉
Q&A　木の名　目下調査中です。スミマセン　お分かりの方は下記までお知ら
せください。お名前と住所を記させていただきます。
岩田潤泉　☎****-**-****　　〒410-1311　静岡県駿東郡小山町小山**

左手のあれが湯船山の一部　白クラノ頭　　　あれが不老山
2006. 2. 3

57

6.「明神山」

一番上の道しるべは古いもので、あとの二つは追加されたもののようだ。

10（A）

〈上〉
世附峠－湯船山←16分－現在地－18分→明神峠
緑の所は自然環境保全地区　普通、特別地区が入りまじっています
（静岡県指定）
湯船山稜の自然を守ろう

一隅ヲ照ラスモノ国ノ宝ナリ　最澄・伝教大師
山の一隅にひっそり静かに在りて、周りを照らし咲く山草の気高さ！
伝教大師様の一隅を照らすものです。国の宝です。

山を愛し自然を愛する人びとの大切な宝です。
当地区の木を伐り、又草花を盗むと最高5年、または50万円の罰となります。
山草ヲ取ル者入山許サズ

サンショウバラー6月上、中旬

〈ヤマシャクヤクの絵に添えて〉
かぐや姫のような気品！山の草花をとる者は悪人です　拉致犯です
〈フタリシズカの絵に添えて〉
ひとりでいてもフタリシズカ　山にありては同行二人
山草を取る者入山許サズ

〈中〉
上野へ　グリンヒルゴルフ場又は唯念寺へ
途中、道標は無く、経路やや不明瞭（目下、鋭意、開設中）

〈下〉
グリンヒルゴルフ場
コースについて
左図のき色破線の所はルートがない。道標も⦅No1⦆が設置○れあり、以下（白丸）が付い
ていないものは未設です。
今後設置したものは順次（白丸）を付けていくことにします。
現在地→3分　4分←　建設ずみ⦅No1⦆

ミツバツツジ群落（花は五月）
往復7分。花の時期にはぜひここへ行ってみたい所。残雪の富士とつつじ

檜林　伐切（間伐）したヒノキが散乱している

NO3←雑木林には入らない　ヒノキの幹に巻いてある赤いテープをたどり行く
秀麗富士とつつじと華の熟女を入れてハイチーズ
とってよいもの写真だけ　残してよいもの足あとだけ

湯船山を愛して　小山町小山**-*　岩田潤泉

7. 「紅は移ろふものそ」

文字もカラフル。

11（C）　裏面にH20,12,22と記載されている

紅は移ろふものそ　橡（つるばみ）の馴れにし衣（きぬ）になほ若（し）かめやも　万葉集（巻十八）

ベニバナで染めた美しい紅の色は消えやすい　ツルバミで染めた地味な衣（連れ添った妻）にはやはり及ぶはずがないものを
橡　①クヌギの古名　②どんぐりの橡（かさ）を煮て、その汁で染めた黒色　家人、奴婢の着る衣の色という。

この辺の自然の雑木林は貴重です。

かような美しい自然林を残してくださいました地権者のお方には頭が下がります。

（湘南にお住まいとか）この貴重な林を通させていただくハイカー一同　心から感謝申し上げます。この辺、橡（クヌギ）に混じり椎の木もあり、そこで、万葉の有間皇子の歌を

　　家にあれば笥（器）に盛る飯を草枕旅にしあれば椎の葉に盛る（万葉集巻二）

椎の葉は大きくないので、枝を折り重ねた上に飯を盛ったのだとも、葉の大きい種類のものを用いたのだともいう

有間皇子　孝徳天皇の息子　斉明天皇の六五八年　反逆のかどにて　紀州の藤白坂にて処刑　万葉集にその時の哀感に満ちた歌が二首ある。他の一首を…

　　磐代の浜□が枝を引き結び　真幸くあらばまた還り見む

　　　幸あらば　生きて帰ってまたこの木を見よう

さてあなた様は真幸く無事に帰れるでしょうか

クイズ　右の歌の□の中に木の名を入れて下さい。

老いの身に生きる力を与え給う、不老の山はありがたきかな　八十二

春夏秋冬　木も花もとりどり美し自然林

万葉歌人「山を詠む」（巻十）

　　春は萌え、夏は緑に紅の綵色に見ゆるの秋の山かも

　　（大意）春は草木が萌え、夏は緑に　秋は紅の色どりに見える。四季おりおりに美しい山の自然であるなあ。

クイズ　どんぐりについて

（1）どんぐりの実の成る木を二つあげてください（クヌギは除く）

（2）「どんぐりの□□くらべ」　ひらがな二字入れる

〈板の後ろの答え〉

（1）カシ、ナラ（シイは広辞苑にありません）

（2）どんぐりのせいくらべ

61

8.「小会　一推しの下山路」

この看板の地図は、現在でははがされている。

12 (D)

下図は小山町発行「コース別散策MAP」の拡大です。原図を280%の拡大
この地図を篤とご覧ください。

小会　一推しの下山路です
その理由
　　1. 林道（車道）歩きが全く1㎞もない。すべて自然の道です。
　　2. 県境の尾根を行く楽しさ！
　　3. 山歩きの楽しさに興趣を添える手作りの道標、看板などが随所に見られる。

楽しい道標をありがとうとの礼状をハイカーの方々からたくさんいただく一方
で、批判の声もあります。けばけばしく自然に合わない　うるさい　やり過ぎ
　数が多く乱立し自然の風致を損ねるなど　ともかく　ご笑覧下さい

半次郎の番所
この半次郎　三度笠などかぶり股旅者で、反体制の人間でもあります。当局と
しては扱いに困っているらしい。

道標乱立とかや

半次郎？　小会独特の奇妙奇天烈な道標です。これぞ「やり過ぎ」と撤去を求め
る声もある。半次郎、運命やいかに！

「不老を愛する会」会員2人　91，82才
　　代表　岩田瀾泉　シズオカケンスントウグン
　　　　　〒410-1311　小山町小山**-*

9.「あしひきの山」

　岡澤重男さんの2009年3月2日の山行記録で制作中のこの看板が岩田さんのご自宅にあるところが写っている。

13（A）

あしひきの山　した光る黄葉の散りの乱ひは　今日にもあるかも（万葉集　巻十五）

　　（注）山した光る　―　山が赤く輝く

　　　　　　散りの乱ひ　―　入り交ってしきりに散る

　　〔大意〕全山赤く輝くもみじの　繽粉と散るのはまさに今日のことである

この辺の黄葉（万葉集ではこの字を書く）のころの千葉の彩りあでやかさ、春、万花の咲き匂う美しさ！　ここ畑尾山―立山付近の林相の格別の美しさを「丹沢夜話」で、ハンス・シュトルケ（ママ）は絶賛しています。彼がここに来た当時には　下図の草花も数多くみられたことでしょうに、盗掘により絶滅が危惧されている悲しい現状を天国で、シュトルケ（ママ）はどう見ているでしょうか。"この美林に　この様な看板はふさわしからず"　と叱られるやも…

草木は山の「一隅ヲ照ラスモノ　国ノ宝ナリ」

あしひきの山辺に居れば　ほととぎす　木の間立ちくき　鳴かぬ日はなし（万葉集　巻十七）　木の間立ちくき　―　木の間を飛びくぐって

ことばのクイズ　１．鳴いて⬚を吐くほととぎす

　　　　　　　　　　　　　↑　漢字一字

　　　　　　　　２．あの顔で⬚⬚⬚食うかよ　ほととぎす

　　　　　　　　　　　　　　↑ひらがな三文字

　　　　　　　　３．上の板へ

　　　　　　　　　ほととぎすの鳴き声は、現代風にはトッキョキョカキョクと聞こえる　とか。昔の人はどう聞いたのですか　「広辞苑」には何とありますか

　　　　　　　　　（答　この板を回すと現われる）

この看板　小山町の許可あり　小〇〇〇

制作　岩田潤泉（82才）　小山町小山**-*　　H20-12-15

10. 「歩道橋下」

駿河小山駅から鮎沢川を渡ると力作の道しるべが迎えてくれる。

14 (C)

「不老の活路」？　左記ごらん下さい

あなた　ほら、あそこの山の　あそこの尾根へ　登ってゆくのです

き色…不老の活路　310段の急階段

右のき色…の「不老の活路」は「富士箱根トレイル」とされています。そして
Oxfam Trailwalker（注）のルートになりました

「ソロモンの王の栄華」にも勝る　日本の特産　ヤマユリも　日本の山から消え
つつあります。悲しいかな

ソロモンの栄華だに　野に咲く百合に及ばず

Welcome! I wish you a pleasant mountaineering
　ようこそ！　楽しい登山に
We are proceeding to the top of the Mt.Furohsan overcoming all difficulties
不老山めざし我ら行く　あらゆる困難を克服しながら…

（下の小さな四角の看板）
野に咲く花もとりどり　クイズ
　〔その１〕　やまとなでしこ（大和撫子）
　　①（カラナデシコに対し）なでしこの異称
　　②日本女性の□らかさ、□しさをたたえて言う語
　　　□の中に漢字を一字入れて下さい。（岩波国語辞典）
　〔その２〕美女の姿のたとえです
　　立てば芍薬　すわれば□　歩く姿は百合の花
　　□の中にひらがな三文字
　〔その３〕秋の七草です。　はぎ、くず、おばな、なでしこ、おみなえし、
　　あさがお（又はききょう）
　　残りの一つは？

2019年撮影　花のイラストが消され
て文字が書き込まれた跡があった。
15

（注）Oxfamは貧困や飢餓、不正に苦しむ人々や地域を支援する活動を行う非営利活動団体
である。現在90か国で活動を行っている。Oxfam Japanは2003年に設立されたが、2018年
に活動を停止した。2015年まで富士箱根でトレイルウォークの活動を行っていた。
http://oxfam.jp/news/cat/press/post_687.html　　オックスファム　ジャパン

■ 山型

　岩田さんの道しるべの魅力の一つが、山型の看板だ。ご自分が切り取った
ものもあるが、木の自然な形を活かしたものが多く、思わず引き込まれてし
まう。

11.「緑の帽子」

　世附峠の大きな道しるべの向かいにある。

16（G）

〈看板上部の山型に沿って〉
明神峠──ミツバツツジ群落（花四月末、五月）──湯船山──白嵓ノ頭──
逢坂峠──ヒオウギ（七月末）　サンショウバラ（五月末、六月初）──蘇峰台
740.2m　「樹下の二人」を改称←登り10分──世附峠

右上オレンジコースについて---
当会が開設しました。（'4.4月）　駿河小山駅へ行くなら左の黄色のルートより1
時間早く　なお歩行に優しく楽しい道です。

〈花の絵に添えて〉
ひとりでいてもフタリシズカ　山にありては同行二人

消えゆく希少植物を守りましょう。心ない人の魔の手にかかり、草花がきえて
ゆく。悲しい限りです。国民共通の財産、宝です。
とってよいのは写真だけ

（ヤマシャクヤク）野に在りて一隅ヲ照ラス　これらの花花は国民みんなのもの
　です。※国民の宝です　山に育てられたかぐや姫です　何人も奪い取ること
　は許されません
（ヒオウギ）実は黒く「ぬばたま」という
真実のおもかげ宿す　クマガイ草

キンラン

蘇峰台について
昭和11年（1936）8月30日に徳富蘇峰（1863〜1957）ここに立つ
静子夫人と2台のかごにのり、かごかつぎ人夫17年、随伴者など計50人
当日のルート　午前4時　山中湖──水ノ木──本棚の滝──明神峠──世附
峠──柳島──小山町
よってここを蘇峰台とよぶ

12.「ごんぐのベンチ」

　ごんぐって何？　きれいなカーブの二つの道しるべの形とともに、一度見たら忘れられないものの一つ。

17 (F)

〈上の地名、左から〉
明神　現在地　明神山　湯船山　白クラノ頭　峰坂峠　世附峠

〈下〉
至篭坂峠　三国山　　　　現在地　湯船山

Let's have a rest　一休みしませんか　これより急坂が続きます

ごんぐのベンチ

ボクシングのゴング（gongドラ）に非ず。欣求浄土です。
偽り、欺きもない浄土を欣求します。
欣求（仏）―　よろこんで道を願い求めること
〈四角の中〉
山野草の盗みもない　ごみを捨てる人もない

13. 「苺柄の帽子」

「樹下の二人」の近くに立つ。

18（A）

あしひきの不老の山を越えくれば
山ほととぎす　彼方此方に啼く
注）元歌は良寛さん　不老の山→国上の山

ほととぎす
不老山にサンショウバラの咲く頃（6月上旬）　ホトトギスが特異な高い声で鳴
き、良寛さまの歌も思われますが、さて　その声は　広辞苑では「てっぺんか
けたか」「ほっちょんかけたか」などと聞え…と、ある。

ここでクイズ
①現在人は、漢字5字の役所名に聞くとか。それは？
②珍奇なその子育て法は？
③徳富蘆花「不如帰」の悲劇のヒロインは？

クイズの答　このうらにあり　180°回す
①　トッキョキョカキョク
②　巣を作らず、他人に子育てを委ねる。
③　（川島）浪子
〈裏面〉　2005, 12. 7　岩田79才

14.「白クラノ頭」

柔らかな稜線。白鳥のフィギュア付き。

19（A）

明神峠　湯船山　（現在地）白クラ（嵒）ノ頭　峰坂峠　蘇峰台　世附峠 ^{（注）}

この辺り林相美し
㊟　コース中の◎は道標がある位置を示す。番号1から13まで　13の道しるべがあります。但し3〜8の区間はルートはなく木に吊るした　赤いテープをたどりながら進むご要望に応え　←↓の新ルートを開設しました。スルガオヤマ駅に行くなら　明神峠―県道―入口のルートに比べ　1時間短く　そしてエキサイティングです。どうぞ楽しく安全に！

上の緑の線のところは　自然環境保全地区　一木一葉もたいせつに守りましょう

〈右下白枠の中〉
湯船山　わが命　tel-****-**-**** 静岡県駿東郡小山町**-*　岩田潤タ二泉イズミ

　（注）2，6とこの14の道しるべでは、世附のフリガナが「ゆづく」、一番下のものでは「よづく」となっている。ハンス・シュトルテの「続丹沢夜話」でも地元の郵便配達の人が「ゆづく」と教えてくれた話が紹介されている。

15. 「不老山南峰」

　一番下の看板だけは少し新しく、2005年田中昌樹さん撮影の写真には上
の二枚しかない。中央の記載内容「最初の道標を立ててから早1年」「小会二
人69才、77才」から1995年ごろの道しるべということになる。

20(D)　2009年撮影

〈上〉
不老山　南峰　927

〈中〉
生土（いきど）―駿河小山県境尾根コース6.3km　1時間42分

本コースは正統的なルートなのですが、なぜか荒れていました。そして「山と

高原地図」に㊙歩道の一部崩落のため、登りは迷いやすいので注意と記入されて、一般ハイカーに敬遠され、「新ハイキング」には「歩く人の少ない県境尾根コース」と記されています。

そこで　この尾根を愛する小会（会員2名　69才、77才）では老骨に不老の活を入れてコースの整備に努めました。最初の一本の道標を世附峠に立ててから、早一年、三国山―明神峠―湯船山―生土の山へと県境尾根コース　どなたでも不安なく歩けます。どうぞこのコースをお楽しみください。

〈下〉
不老山南峰926m
サンショウバラの花期
　　ここ山頂では、6月4日～11日ごろ
　　「樹下の二人」では6月1日～7日ごろ

ほととぎす　山椒ばらや　富士晴れる

岩田潤泉　〒…　小山町小山　**-*-****-**-***

21（G）　2005年撮影

16.「不老壮健」

鮮やかな花々の絵が美しく、小会のメンバー2名の名前も記載されている。

22（A）

〈左から〉
ほととぎす　山椒ばらや　富士晴れる

サンショウバラの花のころ　ホトトギスがしきりに鳴きます。鳴き声は極めて顕著で
「てっぺんかけたか」「ほっちょんかけたか」などと聞え、昼夜ともに鳴く。あやなしど
り、くつでどり、うづきどり、しでのたおさ、たまむかえどり、夕影鳥、夜直鳥など
の名がある。（広辞苑）

現在地　樹下の二人
ここでの花期　―　6月1〜7日ごろ
不老山頂上　―　○○○○○○○○

不老壮健
百花繚乱　百花斉放　百家争鳴
花咲き、鳥鳴き、山笑　テッペンカケタカ、トッキョキョカキョク　ホッチョンカケ
タカ
ほととぎす　またも来鳴きて　高声うたう　夏は来ぬ

不老を愛する者　尾崎富三郎（89才）
　　岩田潤泉（80才）　小山町小山**-*　〒410-1311　☎****-**-****　2006.11.23作

17.「県境コース」

木目が美しい。

23（A）

手に取れば　袖さへにほふ　をみなえし　この白露（しらつゆ）に散らまく惜しも
巻10－2115

ほととぎす　鳴く声聞くや卯（う）の花の　咲き散る山に登るや乙女（をとめ）

（おわび）不遜にも万葉集の歌を替えました。
本歌は　―　岡に田（た）草引く乙女　です。（巻10―1942）

クイズ　明神峠からここまでに　ヤマボウシの木は何本ありますか。方程式を
立てて正確に計算してください！

足（あし）を引（ひ）き　不老の山を踏み越えて　生土（いきど）の里へ下るよろこび　―　漫詠集（まんえい）（巻
十八）

24（A）　　　　　　　　　　　　25（A）

この道は県境コース（神奈川、静岡）

あしひきの山道も知らず　白檮の枝もとををに　雪の降れれば
　（柿本人麿　巻10−2315）（樫）　　　（注）たわわに
橡の衣は人皆　事無しと　いひし時より　着欲しく思ほゆ（万葉集巻7−1311）

橡 ─ クヌギの古名。ここではくぬぎのどんぐりの栲を煮た汁で染めた色。黒
染色。にびいろ。濃いねずみ色。

クイズ　どんぐりの生る木を三つあげて下さい。
答え　○ナラ　○ヌギ　シイ（椎）は入るのか？？

スギ、ヒノキばかりでなく、どんぐりも増やしたいのです。

18. 「大洞山の西側」

花でいっぱいだ。

26 (F)

（山の稜線に沿って）
不老山一世附峠一湯船山1041m一明神峠一東登山口一三国山1323一づな峠一
現在地一大洞山1382（角取山）一あざみ平一篭坂峠一山中湖981m

ご案内
現在地から　上の－－－－－のルートで不老山を越えてスルガオヤマ駅に至る距
離は19.2㎞　中高年女性の脚で7時間20分（含む小大休止）　（81才老爺の足で計
ったもの）
※今回はご予定外の方も次回は上のルートを！

世附峠　→13分
サンショウバラ咲く「樹下の二人」　眺望絶佳
　　花　6月上旬
♨→駅まで6分　するがおやまsta.

中高生のための宗教？クイズ

一人で歩いても「二人」というのはどんな人たちですか？
ヒント　「？？○○」
ハイカーも一人であろうといつも自然とともにあり小鳥や花と話し合う　これ
も同行二人

お子さまクイズ　上の鳥の名は？

上に回すと答え現れる
答え　鳥の名…○○（隠れていて判読できず）
　　ハイカーも一人であろうと、いつも自然とともにあり、小鳥や花と話し合う。
　　これも「同行二人」です。

山と花について
左の拙画はシロヤシオ（五葉躑躅）のつもりです。
「広辞苑」には「本州と四国の山地のやや高所に生える」とか「日光の中禅寺湖畔
の郡落は有名」とあります。
質問１　広辞苑にこんな誤字があるはずはありません。それを正してください。
　　　２　当所から直線30km以内の山で、シロヤシオが自生している山を二つ上
　　　　げてください。（ならば高度も）
　　　　ヒント　丹沢山地　箱根外輪山

ヒオウギ（檜扇）　種は黒く「ぬばたま」という。この群落が「樹下の二人」の近
くにあります。

居明かして　君をば待たむ　ぬばたまの　吾が黒髪に霜は降るとも（万葉集
巻二・八九）

ひとりでいても　フタリシズカ（二人静）

ヤマシャクヤク

答え隠蔽板
三国山　不老山を愛して
制作　〒410－1211　小山町小山**-*　岩田潤泉（81才）　　08′4.6

19. 「鮎沢川の橋のたもと」

H20（2008）年12月31日と記載あり。

〈上の看板、左隅から〉
往き　金時公園—林道—千人広場—登山→不老山　928m
✝下山→半次郎—林道—神縄断層　帰り　下山のコース　林道は1mも歩かない「不老の活路」

小山町公認　トレイルロード「不老の活路」
ぬばたまの君が黒髪　霜降れど　不老に登りて　いのち耀く

〈中ほど〉
湯船山1041m　不老山の次はこの山へ、そしてさらに立山へと足を伸ばしてみませんか！

不老登山（一推しコース）

往き 左図、現在地◎より交番前へ、そしてセブン。200m行くと橋。渡らず、右へ、15分で金時公園。山頂まで140分。

下山 ✝の道標の示す方、「不老の活路」へ。県境を下ること60分。そこはなんと半次郎 ? そこから現在地まで105分。
道中いたる所　道標あり。道迷いはありません

当会が雇用した半次郎が無料で道案内をします。但し、彼は股旅者で三度笠を今もかぶり、気も荒い。ごみをすてる、また山草を取ったりすることは、断じてゆるさずと言う。

不老賛歌（ふろうさんか）　老いの身に生きる力を与え給う、不老の山はありがたきかな

小山町目標　健体康心
体力増強と心の健康のため　初山踏み（ういやまぶ）、まず不老山から
Let's go on a hike up Mt.Furou.

相駿（そうすん）を二分けにして　聳えたまう（そび）　不老の山の頂に立つ
（相模と駿河）
本歌は斎藤茂吉　みちのくを二分けにして聳えたまふ蔵王の山の雪の中に立つ

27の左側
28 (I)

81

〈右上〉
大洞山　あざみ平　立山1332←小山町公認トレイルロード　「天恵」♨　卅須走

立山の頂上付近は国立公園内にあり　林相は極めて美しい。
ハンス・シュトルテは「丹沢夜話」でここの美しさを称えています。西丹沢さい
果ての秘境とされる、この立山にトレイルロードが作られ、だれもが楽々と立
山に登れるようになりました。頂上から仰ぐ富士は息を呑む。サンショウバラ
の多さは日本一。

大縦走コース　出発、須走「紅富台」〜立山〜あざみ平〜大洞山〜湯船山〜不
　　老山〜「不老の活路」〜スルガオヤマ駅　距り二八.七km　時間九時間十分
中コース　スルガオヤマ　→タクシー→　明神峠　　出発、明神峠〜湯船山〜
　　不老山〜「不老の活路」〜スルガオヤマsta.　距一五.八k　時間五時間25分

制作　岩田潤泉　82才　小山町小山**-*
心を込めて作りましたが、よみづらいかと…
山こそわが命でして…　H20.12.31

〈下の看板〉
不老の活路（小山町のトレイルロードの一部に入りました）陸橋に上らず、県道
沿いに行く
180m先に道標あり　それに地図あり　（地図）310段の急降下（ひよどり越え）
右図の……のルートが「不老の活路」です。現在地から3m後退りすると右の絵
のような景色が見えます。向こうの山の上に送電塔が立っています。あそこを
通って、下って来たのです。
越えて越し山山はるかかえりみる　牛歩を重ねここに至れり

〈右側〉
クイズ　花にしてみれば知られたくない情報でしょうが
サンショウバラの花期は　それぞれいつでしょうか。
1.　世附峠　2.　不老山　3.　立山

20. 「たどり着き　ふり返り見れば」

不老の活路の途中にある最も横に長い道しるべ。

29（A）

〈稜線左側から〉
かご坂峠　开須走…新ルート…立山1332…あざみ平…三国山1323
　　　　♨天恵　　　　　　　　　↑この辺の林相　殊の外美し

明神峠…明神山　林相美し…湯船山1041…白クラ…樹下の二人…不老山928…
トレイルロード…半次郎という珍奇な道標あり…スルガオヤマsta

たどり着き　ふり返り見れば　山川を越えてはこえて　来つるものかは
河上肇
ここは湯船山を望見し得る唯一の場所です。篤とごらんください。

不老の山の次には、湯船山　そして、さらに立山へも足を伸ばして…
ご参考に

始め	コース	終わり	距離	時間
明神峠	湯船山―不老山	スルガオヤマ駅	15.8km	5時間25分
須走天恵	立山―三国山	明神峠	12.9km	3－45分
〃	立山―三国山―湯船山―不老山	スルガオヤマ駅	28.7km	9－10分

不老山賛歌
野草を取ると罰せられます
相駿を二分けにしてそびえ給う　不老の山の頂きに立つ
老いの身に生きる力を与え給う　不老の山はありがたきかな

21.「鮎沢川標識の下」

　蝶や梟の写真画像や花のイラストがたっぷり。2013年の三宅岳さんの写真展で展示され、その後現地に設置されたのだろう。

30（E）

31（F）　三宅岳さんの写真展「道しるべは招くよ」で出来立てだった看板

不二（ふじ）の山　玲瓏（れいろう）として　久方の　天（あめ）の一方におはしけるかも　北原白秋

立山（たちやま）　角取山（つのとり）　大洞山　三国山　不老山

〈左側〉
クイズ　1．日本の国蝶です。このチョウの名は？
　　　　2．ご夫婦で仲よく　樹液を吸っています　奥様はどちらですか

３．この方方は何の木の樹液をお好みですか
４．赤ちゃんの離乳食は何の木の葉ですか
（答え）１．オオムラサキ　２．左の黄色の羽織を着た方
３．クヌギ（櫟）　また、よく熟した果実　４．エノキ（榎）

〈中ほど〉
万花咲き　百鳥歌い　山笑う
ホッホー　福郎、福子！　タカが来た。隠れろッ　ホッホー
ふくろうの子供　福郎、福子ちゃん
苦労して育ててくれた　親の恩寵忘れないでね

物言わぬ　四方(よも)の歌　鳥だにも　あは(ワ)れなるかなや　親の子を思う　源実朝
（注）すらだにも―本歌
ぬばたまの　君が黒髪　霜降れど　不老(ふろう)山に登り　命輝く

〈右側〉
不老山
良寛さまの本歌―国上(くがみ)の山
あしひきの　不老の山を　越えくれば　山ほととぎす　遠近(おちこち)に鳴く

ほととぎすは「鳴いて血をはく」と言われる。なぜですか
漢字―〇〇　　子規　不如帰　など（一部隠れている文字は読めず）

キョッキョッキョ　てっぺんかけたか　ホッションカケタカ　トッキョキョカキョク
キョッキョッキョ　泣いて血をはくほととぎす
サンショウバラは、富士箱根地方の特産。葉はサンショウに似る。バラの原種。清楚な花は愛される。
こなた　クマガイ草、あちら　アツモリ草　熊谷(くまがい)直実が平敦盛(あつもり)の首を取る　クマガイ草の勝ち

〈花、鳥の絵〉　クマタカ、ツリフネソウ、ササユリ、シロバナヘビイチゴ、サンショウバラ、クマガイソウ、アツモリソウ、オヤマボクチ、ヘビイチゴ、ヒオウギ

ボランティア道標第167号　小山町藤曲***-*　岩田86才

22. 「送電線付き」

　色鮮やかでイラストもたっぷりで賑やか。しかしこの写真撮影の前年2012年10月に岩田さんの奥様は亡くなられた。そのことを知った後で読むと切ない一節が記されている。

32（B）　2013年6月9日撮影

Expect an unexpected（不測の事態を予測する）
これは登山　人生全般に通じます

かご坂峠━━紅富台━━須走━━浅間神社━━JRスルガオヤマ駅　ふじみセンター
紅富台　14:40,　16:17発　町内バスふじみセンター行（無料）

不二の眺望日本一　林相美し　立山1332
大洞山1383　三国山1328　明神峠900　不老山928

にごり世の　にごりに染まず山芍薬　ひっそりとあり立山の森

ミヤコグサ

不老なる山に向かひて言うことなし　不老の山はありがたきかな　石山啄木
子育てにつかれはてて托卵するのかホトトギス？
その顔でトカゲ食うかやほととぎす

あなた　ホラ、あそこ、あの山に、あんな高い鉄塔あるね
ある、ある、どっち？
左の方の細いほう、あそこをめざして330段の急な階段を登るんだ。
あたし登れるかしら
きみならだいじょうぶ。

きみと越した山川思う　きみや今　天国花園歩くやきみは

〈中央左寄りと右端に以前作成し道しるべ二つの画像がある。その右側のものについて〉
この看板　不老山にあり

命を守る道しるべ

（裏面）No 169　2013.5.9　岩田　86才

33（E）　2014年には同じ看板が他の場所に移されている

23.「鮎沢川の橋のたもと　その2」

県道の歩道橋の傍らにある。

34（B）

〈左上〉
「ロッコンショウジョウ　どうぎょうさんにん　フロウチョウジュ　かぞくあ
いご」
「パパあいしてる」
「パパのことばわかんない」

〈右上〉　霊峰翔鶴

不老山　生土コース
ここの歩道橋　上らず　鮎沢川に沿って行く

立山コース　花、鳥、人　悦び　歌い　舞う

＜花の絵＞ヤマシャクヤク　クマガイソウ
目に青葉　山ほととぎす　サンショウバラ　花は6月上〜中旬

駿河小山駅　9:35発　←このバスは須走行　無料バスです。立山登山にも利用
できます。
15:27　16:54着　←紅富台発バスの到着時刻です

時刻表
上り（14:32〜17:53）　下り（13:45〜18:19）　25.3.○　改正
ふじみセンター（健康福祉会館）−11分（徒歩）→駿河小山駅
紅富台　14:40, 16:17発　ふじみセンター行きです

たちやま（立山）は知る人ぞ知る西丹沢随一の名山です。富士山に最も近く、不
二の山の眺望は日本一です。かの大観大画伯は「富岳瑞祥」で鶴を描いています。

ボランティア道標第165号　小山町藤曲***-*　岩田　86才

〈左下の小さい看板〉
お目を煩わし恐縮です

クイズ
親子三人が何やらつぶやき登山中です。先頭を行くお父さんの独り言
ロッコンショウジョウ　どうぎょうさんにん
フロウチョウジュ　かぞくあいご

問1　すべて漢字に直しましょう
　「どうぎょうさんにん」に関連です。
　西国巡礼者が笠などに書くのは、独り歩きの人でも「どうぎょうにんにん」です。
問2　独りなのになぜ「ににん」とするのですか。
　答えはうらに

〈花の絵〉　オミナエシ　フシグロセンノウ

24. 「遊女の滝入口」

　現存する中で最もきれいに残っている。東名高速下り線の下、遊女の滝を経由し、足柄峠へ向かう道の入口だ。

35（A）

36（A）　クイズの答え

〈左から〉
不老山　Mt. Furohsan、　富士箱根トレイル　Fuji Hakone Trail
明神ヶ岳　Mt. Myojingatake、　矢倉岳　Mt. Yaguradake、金時山　Mt. Kintokizan
乙女峠　御殿場

〈富士山の絵に添えて〉
天地の分かれし時ゆ　神さびて高く貴き…

〈左から〉
不老山にも登り　富士箱根トレイルを愛する人々に幸あれ！

祈　不老長寿

山のいのち
このトレイルは霊峰富士山須走口五合目を発し　金時山に至る42kmの、それこそすばらしいコースです。立山、畑尾山、角取山、大洞山、三国山、湯船山、不老山、そして足柄山。これら山々に咲くとりどりの花、花、また花

クイズ
これら山々の花の代表二つをあげて下さい。

→右上へ廻す
答え）サンショウバラ、ヤマシャクヤク
拙歌）濁○○のよごれも知らず　山芍薬ひっそり匂う　ほの暗き森

〈道路図〉
← to Suruga Oyama sta. 0.7km
←山北　to Yamakita
ここは下谷（shimoya）、Tomei highwayガードの下です。
大沢川　stream
現在地　→0.4k 車止め car stop
Ashigara Pass 足柄峠へ　6.2km　2時間13分

→遊女の滝
万葉公園　——　この辺り迷いやすい
足柄峠　サンショウバラ　日本一の大木が峠にあります。花期5月末から6月5日ごろ

37 (J)　上記の写真は2011年に撮影されたもの。初代の道しるべということか。

■ 岩田さんが愛したもの

　このルートで出会うすべての生き物の中でも、岩田さんが好んで描いた花や鳥などがイラスト付きで楽しく紹介されている。

25.「クマタカ」

　今でもどこかに生き続けているのだろうか。

　　　　レッドデータブック　絶滅危惧種　クマタカ
　　　　ここの南西300mの木に止まっていた巨鳥を発見（1994年12月末）以来　小会

38 (G)

では調査を続けました。98年3月、重大ニュースが入りました。

「世附峠付近にクマタカが営巣している」(神奈川県庁　国に報告)

注、その位置については言えないという。本によれば、クマタカは警戒心が強く、営巣中には特に神経質で敏感である、とか。

　世附川上空、不老山中上空を高く、大きく舞うクマタカの勇姿が続々と報告されています。ヘビを鷲掴みにして飛び立つ姿も目撃されました。(97年10月湯船部落奥)

　一つがいが安定して生息し続けるには数千ヘクタールの生活圏が必要という。この辺一帯 (世附、大又沢、悪沢、湯船山、中島、生土)は、クマタカ (すべての野生の動植物を含め)の「緑の回廊」-環境庁構想-として保全を図るべきでしょう。

　クマタカや野生生物が減少し絶滅していく社会は健全ではあり得ないと思います。

　情報などありましたらお手数乍らお知らせ下さい。

静岡県駿東郡小山町小山**　岩田澗泉　大正15,8,3生

☎****-**-****

26. 「サンショウバラ」

2005年撮影の写真でも、すでにかすれた文字がある。初期に建てられたものではないか。

39(G)

サンショウバラ
バラ科の落葉灌木。わが国の富士・箱根地方の特産　高さ約二メートル、枝に
棘が多い。葉は羽状複葉で　○○サンショウに似る。初夏、淡紅色の花を棘の
○い果実を結ぶ。(広辞苑)
人工林に侵されて○○○○残る山椒ばら。不老山○○　花期は五月中ごろか
ほととぎすも渡り来て　特○○声で鳴く。「テッペンカケタカ　ホッチョンカ
ケタカ　トッキョキョカキョク　キョッキョッキョッ……」

花を愛し　○○(自然？)を愛する　心優しき女○○
不老の山はいっそう華やぎ　若返り○○

あしひきの不老の山を越えくれば　山ほととぎす遠近(おちこち)に鳴く
良寛さまの歌の替え歌　国上(くがみ)の山→不老の山

27.「サンショウバラ二代目」

2009年の撮影。

40（A）

サンショウバラ　守り育てましょう
清楚可憐な、この花に会いにここにいらっしゃる方が多いとか。小会は微力を
尽くし、この木の保護に努めています。植林の中のものは、邪魔にならない所
に移したりしています。山を愛する優しい皆々様、この棘のあるサンショウバ
ラを守ってください。
不老には山椒ばらがよく似合う

28.「ヒオウギ」

41（A）

ヒオウギ　踏まぬよう　心やさしくお歩きください
不老なる山のいのちです。盗る者　早老早死

ヒオウギ―アヤメ科の多年草　山野に自生し、高さ約一㍍　葉は檜扇を開いた形に似る。種は黒く「ぬばたま」または「うばたま」という。漢名　射干。アヤメ科はやや湿ったところを好むのに珍しく何故かここに自生しています。（ここでの花期は八月上旬）
不老の山を望むここがお気に入りなのでしょうか。

檜扇を開き微笑む不老さま　馬笑喜寿

〈葉の中に〉
ぬばたまの黒髪ゆれて　熟女らが不老山にのぼる愛しさ　呵呵大笑
　∴　ヒオウギの種「ぬばたま」の見本です。
からす（烏）の羽のように　黒い玉なので、烏羽玉ともいう
「ぬばたまの」は枕ことばとして「黒」「夜」「暗き」「夢」「夕」「寝」などにかかる。

万葉の昔より日本人が愛してきた花です。どうしても欲しい人は　ここの「ぬばたま」を一人様３０粒に限り採種可とします。株を盗み取るのは犯罪です。ゆめゆめなさるまじ

29. 「ケヤキ」

42（A）

ケヤキ　欅　槻（つき、古名）
（ケヤはケヤケシ―きわだっている―と同源　木理に基づく名か。キは木の意）
ニレ科　山地に多いが、人家の防風林にも使われてきた。
材は堅く木目が美しい　建築、船舶、器具用材　因（ちなみ）にこの板はケヤキです。
疾（と）く来ても見てましものを山城（やましろ）の　高き槻群（つきむら）　散りにけるかも
高市黒人（たけちのくろひと）　（万葉集　巻三、二七七）

30.「マユミ」

43（A）

31.「ホトトギス」

44（A）

マユミ（檀、真弓）
（主に弓を作る材料にしたからいう）
ニシキギ科の落葉小高木
初夏、淡緑色の小花を多数つける。
角ばった果実は熟すと四裂して紅い
種子を現す。
材は器具用　ヤマニシキギ　カワク
マツヅラ（広辞苑）
南淵の細川山に立つ壇弓束まくまで
人に知らえじ
（万葉集巻七、一三三〇）

ホトトギス
〔杜鵑　霍公鳥　時鳥　子規　社宇　不如帰　沓手
鳥　蜀魂〕（鳴き声による名か。スは鳥を表す接尾
語）カッコウ目カッコウ科。
山地の樹木にすみ、自らは巣を作らず、ウグイス
などの巣に産卵し、抱卵、育雛を委ねる。鳴き声
は極めて顕著で「てっぺんかけたか」「ほっちょん
かけたか」などと聞え、昼夜ともに鳴く。夏鳥。
古来、日本の文学、特に和歌に現れ、あやなしどり・
くつでとり・うづきどり・しでのたおさ・たまむ
かえどり・夕影鳥・夜直鳥などの名がある。圉
夏）。万六「暁に名告り鳴くなるほととぎす」―「広
辞苑」
なお「岩波国語辞典」では古今集の「ほととぎす鳴
くや　五月のあやめ草」をあげ、また「鳴いて血を
吐く（声の差し迫った感じの見立て）ほととぎす」
とある。

32.「ヤマシャクヤク」

45（D）

⇦県境尾根—下谷ルート
ここから駿河小山駅 Suruga Oyama sta. まで62分　但し国道へ出てから　そこ
から駅への経路が分かりづらい

この先　小生の道標は一本もありませんが、経路はよく整備されています。送
電塔が次々3本あり、その巡回用に東電様が、有り難いことに階段や手すりを
設えてあります。しかし本ルートを甘くみないでください。と申しますのは、
右の生土ルートに比べ地形は険悪です。予定外にこのルートに入り込まないこ
と！

生土—フジボウ裏門ルート⇨
It takes 46 minutes to the Suruga Oyama Sta.
このルートは小山町公認です

〈下の看板〉
不老なる峰目指して我ら行く　数多艱難　越えてはこえて

33. 「かんこ鳥」

46 (D)

上る　Go on 40mrs, and you will find a guidepost.

本日の山行もフィナーレとなります。
北原白秋作詞　井上武士作曲　「落葉松」などいかがかと…
　6番　からまつの林を出でて　浅間嶺にけぶり立つ見つ　浅間嶺にけぶり立つ見つ
　　　からまつのまたそのうえに
　7番　からまつの林の雨は　さびしけど　いよよしずけし　かんこ鳥なけるのみなる
　　　からまつの濡るるのみなる

この下の凹地は赤根沢の源　滝があり下りられません

カッコウはホトトギスより大型で全長35㎝
かんこ鳥（カッコウドリの訛りか。「閑古鳥」と当て字）
カッコウ。〈季　夏〉
「憂きわれをさびしがらせよ　かんこ鳥」芭蕉　—広辞苑—

100

■ 和歌、短歌

　万葉集から童謡まで、岩田さんの愛した詩歌の数々が紹介され、自然の魅力を伝えてくれる。遠い万葉人とも心通わせたくなる。

34.「銀色のお盆」

47（A）

　　行季　濁世　末世界　人情が薄れ　世が乱れた時代
　　下界には車の音が鳴りひびく　行季の濁りを嘆く
　　巷には年寄りだます金奪う魑魅魍魎はびこれど　不老の登山者六根清浄　不老
　　なる山の草花持ち出す不逞の輩　早死あるらん
　　葷酒山門ニ入ルヲ許サズ　葷＝ネギ・ニラ等の臭い野菜
　　不老のお山は松の音さやか　不老賛歌
　　　　　（松籟）
　　み山には貴き花花咲き匂い　盗る人もなし清浄世界
　　小会がめざす理想、念願です。
　　山に会う人みな美し　笑顔あり　一樹一河の縁ありてか
　　　　　読むに耐えない駄作つづきですので、本物を…
　　（朝日歌壇　21.1.　12日　熊谷市　内野修様）
　　　紅葉がきれいでしたと下る人　道譲りつつほほ笑んで言う
　　清浄　自然　天国界

101

35.「赤い帽子」

48（D）

この山行もフィナーレが近い
北原白秋「からまつ」も最終章八番です。
世の中よ　あわれなりけり　常なれど　うれしかりけり
山川に山がわの音　からまつにからまつのかぜ

36.「焼杉」

49（D）

不老賛歌
ぬばたまの君が黒髪　霜降れど
不老登山し　いのち紅い

クイズ　ヒオウギとぬばたまとの関係は　つぎのどっち？　イ．夫婦　　ロ．親子

37. 「お鍋の帽子」

こちらは本歌。

50 (D)

信濃路は今の墾道　刈株に足踏ましなむ　履着けわが背（万葉集十四）
墾道―開通した道　刈株―切株　信濃路―大宝二年（702）から十二年かかって開通した。信濃
路は新しく開通した道です。きっと切株を踏むでしょう。履をおはきなさい　わが背子よ

38. 「河上肇の替え歌」

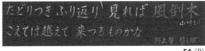

51 (B)

たどりつき　ふり返り　見れば　風倒木（山川を）こえては越えて　来つるものかな（河上肇 替え歌）

39. 「北原白秋「落葉松」」

岩田さんのお気に入りだ。

52 (B)

わが道はありけり　霧雨のかかる道なり　山風のかよふ道なり
われのみか人も通ひぬ　ほそぼそと通ふ道なり　さびさびと急ぐ道なり

40.「城山路」

53

城山路は今の墾道 刈株に足踏ましなむ 履着けわが背

〔歌意〕○○路は新しく開通した道（今の墾道）です。きっと切株（刈株）を踏むで
しょう。履をおはきなさい わが背子よ

この新ルートを「城山ルート」と呼ぶ

クイズ 万葉集 巻十四 3399番の短歌です。本歌では？
（答）信濃路

史料 この路に関し、続日本紀和銅六年七月 「美濃○○二国の堺は径道険隘
にして 往還艱難なり。よりて吉蘇路を通ず」とあり。大宝二年（七〇二）から
十二年かかって開通した。

■ 思い

　どの道しるべも、岩田さんの思いがいっぱい詰まっている。なかでも、この山域に込めた思いや、周囲の人との食いちがいから苦労された気持ちなども書き込まれたものがある。

41.「老板ハ死ナズ」

　道しるべの制作のために、岩田さんは板や鍋、バケツを集めていたという。

54（H）

〈上の赤い板〉
山での行動は細心に
世界で最小の道標でしょうか

〈下〉
老板ハ死ナズ　不老長生
この板　築百年の家の板です。再生して道しるべとして…

42.「特許出願中」

損傷個所があるが、まだしっかりと立っていた。

55(A)　2020年6月撮影

56(A)

♪このみちは　いつかきたみち　あーあ　そうだよ　おかあさまとー♪
さて　私たちの歩いている小径(こみち)は、次のどれでしょう？
1．国道　2．県道　3．町道
4．私有林を地主様のご厚意で通させていただいている道

<答え>
当回転式答案隠蔽板　特許出願中
3．町道　1050号線です。

43.「青い帽子」

城山の山頂。

次の道標にて下山　高度差110m急降下　音淵区の氏神さま　雲霧神社
城山379.18m
城山と不老山の高度差　928m-379m=549m（ゴシック）
不老山928.2m　金時神社
クイズ　１．東京スカイツリーと不老山のどっちが高い？
　　　　２．何㍍の差？
　　　　３．富士山と不老山の高度差は？

44.「明神峠ゲート前」

三国山1335　←　明神峠915　ハイキングコース
2.8㎞、71分（含、小休止2回）　高度差420m　自然環境保全地区
本コースは、1.5ｋ先で、車道と交差します。そこが三国山登山口です。三国山に登り
て三国峠に下りるも可。さらに縦走を続けて篭坂峠へ至るも可です。快適な尾根です。
車道が拡幅されていくのは分かります。だが、要は、ハイキングコースへの気配りです。
この辺はハイカーへの優しい心づかいが全く感じられません。―（数文字削除跡）―
ハイカーへの細やかな配慮に欠けています。（文責　岩田）

45. 「トレイルロード公認」

59 (D)

須走に発するこのロード　三国山稜を通り　不老山を経て　延々27㎞　9時間
のルートです。初夏　ホトトギスのころにこの大縦走にトライしてみませんか

〈左下から〉
右折し川沿いに進む（直進すると神縄断層）　現在地－東沢－310段の階段（ひよ
どり越え）－半次郎？－不老山928ｍ－樹下の二人－湯船山1041ｍ－三国山－
立山1332－🈯天恵　須走
小山町策定　トレイルロード入口

〈下部〉
小山町が策定したトレイルロード　ここから半次郎までの5㎞は　小会（91
才、82才の二人）が拓く（H17．5月）
ところが、何と、NPOが道標56本を全て破壊し、不法にも、公道を封鎖した。
（H18.3/5）　山を愛し、ハイカーをたいせつにする、新町長の時代になり、公

108

道の封鎖は解かれ、公のルートになりました。高橋町長の大英断はハイカーにも町民にも大変ありがたいことです。ところで前町長は、私を道標に係る「器物破損」の廉（かど）で刑事告訴した。これは誣告（ぶこく）である。検察は、これを「不起訴」とした。誣告である理由までは書ききれません。金太郎ののった2本のその道標、3年後の今もヤクバにかくしてある。

スルガオヤマ駅時刻

午後		上り	下り
	2時	50分	37分
	3時	22 50	33
	4時	08, 特急あさぎり6号	
		26 55	16 46
	5時	49	39

駿河小山駅　Suruga Oyama st.⇒28分

道標はいかにあるべきや

小会は　この14年間に116本の道標を立山―不老山に立ててきました。若いころ肺結核、胃かいようなど、いろいろ病気し　それらを治してくれたのが　不老山でした。ですから、一人でも多くの方に　山歩きで心身健やかになってほしく、ハイカーに役立つものを！と老骨にムチ打ち、心血を注ぎがんばってきました。ハイカーの皆さまからたくさん礼状をいただきました。それが前町長から犯罪人として告訴されたこと。とうてい理解できず、あえてここに記しました。

　　岩田澗泉（タニイズミ）　21.1.10

46. 「県境尾根コース」

半次郎が紹介されている。

〈縦書き部分も左側から〉
静岡・神奈川県境　県境尾根コース
駿河小山駅まで2時間30分　It takes two hours and a half to the Surugaoyama St.
林道 (車道) 歩きは 1 mもなし　このコースはすべて山みちを楽しく歩く
なお　このコースは小山町がトレイルロードとして公式に策定しました。平成20年11月

コースについて
ここから約1時間の下り　昭文社の地図 (古いもの) には、「迷いやすい」とありますが、今はその心配は全くありません。下ること1時間、三度笠をかぶった半次郎 (立っています？？？　昔、箱根八里を旅していた股旅者です。今は不老の番人、旅の用心棒、案内人ですが、山草を取る者など、これをゆるしちゃおけネェとて、刃傷沙汰に及んだこともありますので、ご用心、ご要心！
半次郎の番所から　生土まで八十分の県境尾根を「不老の活路」と、仮称し、当小会「不老山を愛する会」会員二人91才、82才が地権者の許可を得た上で、心をこめて作った道標56本、これが「NPOまち再生ふじおやま」によって破壊され、持ち去られ、そして昔からの公道をなんと「通行禁止」にしたのは2006年3月5日の事でした。山を愛し、ハ

イカーをたいせつにする心の深い新町長により公のルートとなりまして、このコース
が復活しましたので小会では、新しく道標を作成し、昨年末に完成しました。初心者が、
ひとりでも道を迷うことは決してありません。
乞うご期待　県境コース

47.「湯船山～明神峠」

新緑の景色に溶け込む道しるべ。

61（A）

どなたのご配慮か、ここには、自然林の雑木林が残されてあります。人工林に
はない美しさが四季折々にあります。鳥やけものたちにもやさしい林です。落
ち葉の厚い絨毯は水源としての保水力でも人工林に勝ります。

道標にいたずらしたりぶら下がったりしないでください。
ハイカーの命を守る道しるべ

48. 「自然愛語」

62（A）

自然愛語

山に在りて一隅ヲ照ラスモノ国ノ宝ナリ
草木を取らない
普通は愛護と書きますが、あえて愛語を用いました。道元さま　良寛さまがよ
く用いられることばです。愛情のこもった言葉で語り合うことです。
美しい自然の中で友と愛語するもよし、独りに在るも、鳥や獣や草木と愛語す
るもまた楽し！

北原白秋「落葉松」五番より
　からまつの林を過ぎて　ゆえしらず歩みひそめつつ
　からまつはさびしかりけり
　からまつとささやきにけり

49.「不老の活路へ」

63 (D)

←県境尾根および不老の活路へ　完全に復元　金時公園コースは130m先で分れる。

〈右側〉
○○15文字ほど削除の跡○○　小会が設立した道標56本が引き抜かれ、天下の公道が進入禁止として封鎖されたのは平成18年３月のこと。理不尽、遺憾です。

新町長の時代となり、「健体康心」の旗の下、町民、国民の健康のために壮大なトレイルロードが作られることになった。うれしいことです。
そして　小会が開拓した　この「不老の活路」が復元されました。
終点近くの急坂、安全になりました　完全な階段と手すりも作られ楽に下れます。

小会　一推しの下山路です

50.「箱根八里の半次郎」

不老の活路の中ほど、半次郎の脇に立つ地図付きの道しるべ。

64(D)

仮称　不老の活路
ここから左下の国道246のガード下まで　5.2k　96分の山みちを 小会「不老山を
愛する会」が開拓したのは平成17年5月。ところが翌18年3月、この活路の道標
56本がすべて破壊された。NPO法人まち再生ふじおやまのしわざである。何と
も不可解な事件。ハイカーをたいせつにする新しい町長となり、このルートが
「トレイルロード」として生き返り、21年1月14日　町長もここを歩かれました。
小会では新しく道標を建てました。

皆様が楽しくと　精魂込めて作りましたものの　独りよがりもあろうかと…。
ともかくご笑覧下さい

ここを半次郎と仮称させていただきます。役所はとやかく…　要はハイカーの
皆さまの反応です。遊び心として何とぞご寛容の程よろしく…。
人呼んで「箱根八里の半次郎」。ここが晴れて天下の公道となりましたので、

ここの番人として招聘しました。この半次郎、何とも向こう気が強く、ハイカーを迷わすものとして、町の道標を片付け、前町長から刑事告訴された。こんな半次郎　山草盗りなどぶった斬ると言う。くれぐれもご用心、ご要心。

左の地図は小山町発行「コース別散策MAP」を拡大コピーしたもの　血税を使い欠陥だらけの案内図！　これも前町長の負のイサン
左下の↓の辺りの自然林　格別に美し　「道標の乱立」とか…
ここは万葉公園にでもしたいようなところ
不老の活路は、ここ（国道246のガード下）で生土林道コースと合流する

51.「怒りの道しるべ」

65（A）

不老の活路
この新ルート、小会（83才、80才）が作りしが（2005年5月）○○により56本の道標すべて一本も残さず破壊されました（'06年3月5日）。この非道！天人許さじ！

52.「登竜門」

66(A)

百瀬(ももせ)の滝を登りなば　忽(たちま)ち竜になりぬべし

ここは登竜門　竜門の急流を登ることが出来た鯉(こい)は竜になる
ここから三百十段の滝？の連続です

53.「仙人じゃ」

67 (C)

不老の山に千回登らにゃ不老不死の千人にはなれんわい

不老山に千回登山したら、不老不死になれるとは言えませんが、十回も登れば
肥満や糖尿病の予防には効果が覿面に現れるとは言えます。

仙人―山にはいって不老不死の術を得、神通力を持つとされる人。道教におけ
る理想の人間。
不老なる山のいぶきに触れもせでさびしからずや金を説くきみ

平成野　晶子

▼写真の引用元

A：三宅岳
　　2017/10/31「三宅岳さん撮影による岩田淵泉さんの道標（スライドショー形式）」、「風人社の窓」
　　KAZESAYAGEより、その他
　　https://www.fujinsha.co.jp/nishitan/miyakeiwata.html

B：2013/6/9「岩田さんと山椒薔薇を訪ねる山旅」他多数、岡澤重男さんのHP「ようこそ！山へ!!」
　　http://s-ok.my.coocan.jp/tan/d_tan/20130609yufune/20130609yufune.html

C：2015/5/27「不老山♪手作りの案内板散策」、稲荷椀さんのYAMAP活動記録から
　　https://yamap.com/activities/91823

D：2009/11/21「不老山登山」、Mellow WavesさんのHP「歩いてみましょう@神奈川県」
　　http://mellwave.web.fc2.com/hiking/furosan03.htm

E：2014/6/1「丹沢の神様にあった話」、ムサママさんのブログ「ムサママのおめでたい日々」
　　https://ameblo.jp/kurikinton00/entry-11867995579.html

F：2013/9/2「岩田さんの不老さん標識サマリー」、denさんのブログ「段だらウォーキング日記３」
　　https://38270487.at.webry.info/201309/article_1.html

G：2005/3/20「不老山登山（浅瀬から駿河小山へ）」Tanaka's Website
　　http://mukudori.com/outdoor/20050320/index.html

H：2013/6/3「たまにはのんびり不老山１と２」ribbleさんのブログ「山と温泉の風」
　　https://ribble.cocolog-nifty.com/blog/2013/06/post-78dc.html

I：2010/10/30「不老山に住む仙人！？ 〜久米仙人が見たものは？〜」、
　　Masatoさんのブログ「峠の先に道は続く（自転車で行く、日本全国漂泊の旅）」
　　https://shoelessmm.blogspot.com/2010/10/blog-post_30.html
　　2010/11/8「不老山の登山道を整備する。〜小さなことから始めよう〜」、同上
　　https://shoelessmm.blogspot.com/2010/11/

J：2011/6/16「続　富士箱根トレイル〜落し物捜索〜トホホ編　NNPさんのヤマレコ山行記録
　　https://www.yamareco.com/modules/yamareco/detail-116705.html

記載のないものは浅井撮影の写真

（写真の引用元、巻末の参考文献に記載のURLは、2020年現在は閲覧可能でした。）

4

岩田さんの思い出

岩田澗泉さんは、大正15年小山町の生まれで、中学校の国語の先生をしていらした。若いころに病気がちだった岩田さんは、登山に親しむようになってから健康を取り戻したこともあり、故郷小山町の付近にあるこの山域に惜しみなく愛情を注いでいた。道しるべの設置や登山道の整備だけでなく、この山域を訪れるハイカーの方へ直接声をかけ、見どころを案内することもあったということだ。2017年10月に90歳で亡くなられた。

　道しるべの魅力を通して岩田さんと交流された方は多いと思うが、その中でも岩田さんと深くかかわっていらしたのは三宅岳さんと岡澤重男さんのお二人だ。その他にも、道しるべを通して、岩田さんと交流された方をネットで検索してみると沢山見つけることができる。

■ 三宅岳さん

　山岳写真家の三宅岳さんは、岩田さんの道しるべをテーマにして数多くの写真を紹介し、2013年には「みちしるべ」写真展を開催した。また、道しるべをめぐる裁判では証人として発言し、風人社のHPで裁判をめぐるやり取りを詳しく追い、岩田さんにずっと寄り添ってこられた方だ。
　ヤマケイアルペンガイドの「丹沢」最新版のなかでも、コラムとして岩田さんの道しるべについて紹介し、風化がすすみ失われていくことを惜しんでいる。

1.「みちしるべ」写真展の様子（風人社のＨＰから）　　2.　道しるべの歌を歌う三宅さん（denさんの写真）

■ 岡澤重男さん

　丹沢山域の地図にない道を歩きつくして山をこよなく愛する岡澤さんも、岩田さんの道しるべを何度も取り上げている。s-okという名前でHP「ようこそ！山へ!!」に、ご自身の山行記録を公開されてきた。数えきれないほどたくさんのバリエーションルートを、独特の優しい視線で紹介していて、多くのファンを楽しませている。また、このHPをもとに出版された風人社の『誰も知らない丹沢』にも道しるべとの出会い、道しるべの内容や岩田さんの紹介が載せられている。
　その一つに2013年06月09日（日）の「山椒薔薇と道標　湯船山稜〜天神山」という記録がある。ここでは2005年に撮影した岩田さんの道しるべの写真も多数紹介されていて、すでに傷みが激しくなってきた道しるべの風化の様子がうかがえる。この山行は三宅岳さんの主催で行われたもので、岩田さん自身も同行して、サンショウバラの咲くこのルートの魅力をたっぷりと味わって歩いている。その中にこのような記載があった。

　　　　初めて世附峠を訪ねたのは2000年12月3日。
　　　　世附権現山ーミツバ岳を経て浅瀬の吊り橋からだった。
　　　　注：現在吊り橋が落ちたままのため、浅瀬側から入ることは難しい。

　　　　この峠で見つけた看板に次のような文言が記されていた。

「明神峠から湯船山を経て世附峠に至る稜線のハイキングコースは、山好きの方には魅力のあるすばらしいルートです。白神山地の林には及びませんが、ブナの大木も多く、その他今では珍しい樹木もあり、静岡県の「自然環境保全区域」に指定されています。……文責 岩田タニイズミ」

この文言こそボクが湯船山稜を歩くきっかけであり、岩田さんを知るきっかけでもあった。

　同じく山を愛する岡澤さんの、岩田さんの道しるべに対する敬意を感じさせてくれる。

　2006年に出版された『誰も知らない丹沢』の中では「あの世附峠周辺の『ユニークで楽しい看板』を作った方にも、山を歩き続けている限り、いつか必ずお会いできると信じています。」と書かれている。その願いが叶って、2006年4月15日に岩田さんと初めて会い、ご一緒に不老山を歩かれ、その後も上記の山行の他、何度か岩田さんとのやり取りが記されている。道しるべの導く力だ。

３．岡澤さんとの山行で説明をしている岩田さんの様子

＊　＊　＊

　上記のお二人の他にも、HP、ブログやウェブアルバムなどに岩田さんの道標を紹介するサイトを作成している方や、ご自身の山行記録を公開している方が沢山いる。岩田さんに会いたければ不老山に登ればいいんだ、といわれていたこともあったようで、本当に登山途中で岩田さんとバッタリ会って山中を案内していただいたなどの経験談を載せている方もいる。

＊　＊　＊

■ Masato. Mさん

　2010年「自転車で行く、日本全国漂泊の旅」の途中、岩田さんのお宅に1週間泊めていただいた時の記録をブログで紹介している。

　Masatoさんは、2009年2月、三重県から自転車の旅の帰りに岩田さんと初めて出会い、岩田さんに誘われてご自宅に宿泊するという経験をされている。その翌年にはまた岩田さんに会いに行き、数日間過ごした様子がブログに紹介されている。初対面の旅人である若者に「うちに泊まっていきなさい」と声をかけ、手料理をふるまう気さくで暖かな岩田さんの人柄がとてもよくわかるエピソード

だ。岩田さんにとってもMasatoさんが印象深かったようで、自宅を再訪し、山道の整備を手伝ったりした青年について周囲の方に語っていたということだ。現在Masatoさんはブログや自転車漂泊の旅からは離れて生活しているが、「岩田さんは、知的な、行動力のある情熱家で、今でも、強烈に印象に残っています。」と語っている。

2010/10/30「不老山に住む仙人!? 〜久米仙人が見たものは？〜」、峠の先に道は続く（自転車で行く、日本全国漂泊の旅）　https://shoelessmm.blogspot.com/2010/10/blog-post_30.html

2010/11/8「不老山の登山道を整備する。〜小さなことから始めよう〜」、同上　https://shoelessmm.blogspot.com/2010/11/

4

5

6

7

4. 岩田さんのご自宅で製作途中だった道しるべの写真
5. 鮎沢川にかかる力作の道しるべの写真を撮っていたら、なんとご本人が現れて声をかけてくれたという。(この写真はブログには載せられていない)
6. 登山道の整備をお手伝い。倒木から作った杭を背負子に詰めて現地へ運ぶ。
7. 次の日は急傾斜地に階段を作った。

■ 稲荷椀さん

　稲荷椀さんは山岳情報のサイトYAMAPで2015年5月27日の「不老山♪手作りの案内板散策」という活動日記を記録している。タイトルの通り、岩田さんの道しるべをたどって明神峠から不老の活路へ下山というコースで、100枚近い写真を公開している。YAMAPでは写真の位置情報が地図上に表示されるようになっているので、それぞれの道しるべがどこにあるのかを知ることが出来る。すでに5年経過しているので、現在では見ることのできない道しるべも多いと思うが、どのくらい残っているのか確かめに行ってみたくなる。本書の中の道しるべの書き起こしでは稲荷椀さんの多くの写真を参考にさせていただいた。

2015/5/27　「不老山♪手つくりの案内板散策」、YAMAP
https://yamap.com/activities/91823

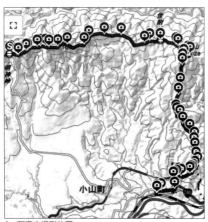

8. 写真の撮影位置

■ もーさん、ムサママさん、みるくさん

たくさんの山歩きや楽しい日常風景を紹介しているブログの中で、何度か不老山の山歩きを楽しまれている。その中で、2014年6月3日にたまたま山中で岩田さんと会って、一緒に下山された様子も紹介されている。たくさんのハイカーに囲まれて、サンショウバラや登山道の様子などを説明している岩田さんの様子、もーさんのお子さんとお菓子を分け合って食べている様子など、微笑ましいやり取りがたっぷりと記録されている。

2014/6/3「サンショウバラを求めて」、もー日記(もーさん)
https://ameblo.jp/mi-ma-mo-ti/entry-11869143698.html

2014/6/1「丹沢の神様にあった話」、ムサママのおめでたい日々 (ムサママさん)
https://ameblo.jp/kurikinton00/entry-11867995579.html

2014/6/4「サンショウバラと道標の不老さんへ」、おっかあぶろぐ(みるくさん)
https://ameblo.jp/mikkobar/entry-11869730090.html

9. この1年前には立っていた道しるべが倒れていた(もーさんの写真)

10. ハイカーに囲まれる岩田さん(ミルクさんの写真)

11. 下山後に駿河小山駅構内まで、見送りにいらした岩田さん(ムサママさんの写真)

■ Mellow Wavesさん

　HP「歩いてみましょう@神奈川県」で、神奈川を中心にウォーキングの記録を掲載している。下記の登山記録は少し古いがゆえに、今ではみることのできない道しるべが撮影されている。特にGoogle フォトに公開されている写真は今回の文字の書き取りに大変参考になった。

2009/11/21　「不老山登山」、歩いてみましょう@神奈川県
http://mellwave.web.fc2.com/hiking/furosan03.htm

12.　浅瀬の車止めゲート

13.　不老山南峰からの眺め

▌田中昌樹さん

　奥多摩、奥武蔵、丹沢、富士を中心とした「山歩きのページ」の中に下記の記録が載せられている。古い記録なので今は見られない「クマタカ」「サンショバラ」の標識などの写真がいくつか載せられている。今となっては貴重な記録だ。道しるべの書き起こしでも田中さんの写真がとても参考になった。

2005/3/20　「不老山登山（浅瀬から駿河小山へ）」、Tanaka's Websiteより
http://mukudori.com/outdoor/20050320/index.html

15

14

14.　スリル満点の夕滝吊り橋（2010年に流出）
15.　樹下の二人（蘇峰台）にはまだマユミの木が立っている。このころにあった道しるべ（48頁）は初代のもので翌年新しい道しるべ（66頁）が設置された。

■ ribbleさん

HP「山と温泉の風」というタイトルで、一般登山道以外のルートも含めて東北から南北アルプスまで沢山の山行記録を公開している。その中に2013年の「たまにはのんびり不老山」というページがある。森の樹木や高山植物の写真がとてもきれいで、登山コースも味わい深いルートが多い。

2013/6/1「たまにはのんびり不老山」、山と温泉の風blog
https://ribble.cocolog-nifty.com/blog/2013/06/post-78dc.html

17. サンショウバラの姿を堪能

16. 塩沢の大滝「丹沢不老山の麓、かなり奥まった所に
　　ある滝で、なかなか一般の人が見に行くのは難しい
　　場所にあります。その上、最近は近くまで行くには
　　道が無く、渡渉が必要になっています。ということ
　　でかなりマニアックな滝です。」

■ denさん

ブログ「denの段だらウォーキング日記」は、denさんが横須賀や湘南を中心とし、神奈川県内をウォーキングした記録が数多く載せられている。籠坂峠や明神峠など、いろいろなコースでこの山域を何度か歩かれていて、その中にあるのが次の山行記録だ。ちょうどサンショウバラの見ごろの時期に、山市場（当時は棚沢キャンプ場）から番ヶ平を経て不老山へ登るルートが詳しく紹介されている。同じころに三宅岳さんの写真展が開かれていることにも触れているが、この内容に関してのコメントがとてもたくさんあったということで、多くの道しるべの写真を整理して載せてくれている。三宅さんの写真展の様子も撮影されていて、岩田さんご本人も写っている。

2013/9/2　「岩田さんの不老さん標識サマリー」、denの段だらウォーキング日記 3
https://38270487.at.webry.info/201309/article_1.html

18.　ヒオウギの花

19.　三宅岳さんの写真展で道しるべの説明をする岩田さん。「時々脱線したり、話に夢中になり、標識の前で熱弁を振るったり…」されたと記載されている。

■ ふみさん

　「ふみの山とお酒の散歩道」のふみさんは、2019年に不老山に登られている記録を載せている。山と酒をこよなく愛するふみさんの熱いメッセージがたっぷり込められたブログだ。写真も豊富でユーモアたっぷりの楽しい記録ながら、バリエーションルートもサクサク歩いている様子がうかがえる。山行中の、小さな花や樹木の一つ一つを抱きしめたくなるような気持がひしひしと伝わる表現が、読んでいてとても暖かな気持ちにさせてくれる。そして山行の締めくくりに（時には途中で）交わす「乾杯」という声が聞こえてきそうだ。岩田さんの道しるべに関しても、すでに傷みが激しく朽ちかけたものを惜しむ気持ちが伝わってくる。

2019/5/27　「サンショウバラと道標（富士箱根トレイル）」、ふみの山とお酒の散歩道
https://ameblo.jp/fumihime-jp/entry-12464246488.html

20.　ブナの木でエネシャージ中（ふみさんは樹が大好き）

21.　すでに倒れてしまった道しるべの写真もいくつかある。

■ 加冨登食堂

加冨登食堂さんは、駿河小山駅から歩いて5分ほどの所にある、三代続く地元の店だ。こちらのお店ではWeb上の写真ではなく、岩田さん制作の看板を見ることが出来る。ただし、現在はサンショウバラの咲く季節だけ店頭に飾っているということだ。

生前、岩田さんもよく店に訪れていらした。店主の杉崎さんは、一度だけ岩田さんの案内で登山し、サンショウバラを観賞したが、毎年は見に行けないと残念がっていた。すると岩田さんが、樹木の苗を庭に植えて、看板を描いてくれたということだ。

岩田さんは亡くなる少し前に、この看板の花の時期を書き変えると言って、自宅に持ち帰ったが、未完成のままになっていた。ご逝去された後で、それを見つけた方が、食堂まで持ち帰ってくれたものだと言う。修正前の看板にはNo.170という記載もあり、岩田さんの最後の作品かもしれない。

22. 2015年7月15日撮影

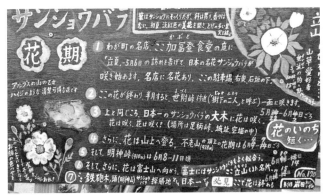

23. 2017年5月16日撮影　ここでもすでに、花期を修正してある。現在お店に残されている看板では、数か所が塗りつぶされていて、さらに修正を加えようとしていたことが分かる。

道しるべに会いに行く

　私が初めて岩田さんの道しるべに会ったのは2011年だったと思います。立山からあざみ平、三国山あたりを歩いて、優しく緩やかな雑木林の美しさに魅了されました。そしてそんな登山道に立つ手書きの道しるべに心が和みました。

　人の手が全く入っていないところだけが自然だと言う人もいるかもしれませんが、丹沢の山道を歩くと、炭焼きの跡や苔むした石垣、軌道跡やケーブルの支柱らしきものなど、様々な先人の暮らしの痕跡に出会います。人々の暮らしは、自然と人の営みが複雑に入り組んだところで成り立っているのだと感じさせられます。

　網の目のように入り組んだ林道は、いつもどこかが崩壊して通行止めになっています。私が歩いた2020年には、前年の大型台風で各地に多くの被害が出ました。もちろんこの山域の林道もかなり崩壊して、車両はもちろんのこと、歩行も困難な個所がありました。ブログなどで10年ほど前に歩いた方とお話をしていたら、「私の時もそうでした」とおっしゃっていました。そんなことを何度も繰り返し、そのたびに人々は粘り強く修復し、新しい林道を敷き、元の生活を取り戻す。長い間人々は当たり前に繰り返してきたことなのだと思います。

　そんな山域の一部である、富士箱根トレイルロード歩きで出会う岩田さん

の道しるべは、多くの人をとても暖かな気持ちにさせてくれます。岩田さんは多くのハイカーがこの山域を楽しく歩いてくれることを、何より嬉しく思っていました。ご自身も、中には道しるべを快く思わない人がいることは承知の上だったことが分かります。しかし山中で笑顔のハイカーに会うたびに、もうひと踏ん張りして道しるべを立てなおそう、と奮起されていたことと思います。

　答えのわからないクイズを出してしまったりするおちゃめな岩田さんです。創意工夫や色彩の豊かさは年々増すことはあっても、80歳を過ぎた方とは思えないものでした。これからどんな道しるべが増えるのかを楽しみにしていた人は多いことでしょう。岩田さん自身も「富士山の上まで道しるべを立てたい」とある方にお話ししていたそうです。そんな新しい道しるべを見ることが出来ないことは、とても残念ですが仕方ありません。道しるべだけでなく、マユミの木も、ブナの木も足元の花も樹林を飛交う鳥たちも、みな限られた命を全うするしかありません。

　これからも人々は山歩きを楽しんで暮らしていくことと思います。岩田さんの愛した三国山塊、丹沢西部不老山も、ルートの保全が続けられていくことを願っています。岩田さんの道しるべに代わって、新しい魅力を付け加えて下さる方が出てくるかもしれません。地道に登山道の整備をしてくださる方も必要です。それもなかなかお手伝いできない一般の人にでもできることはあります。傾いた道しるべがあったらそっと立て直すだけでもいいと思います。そして何より、歩きましょう。多くの方が訪れて、歩き続けることがこのルートをこれからも守り続けてゆく力になることでしょう。それは、岩田さんが最も願っていたことに違いないと思います。

版元編集後記

　本書は、著者浅井紀子さんの出版モチベーション（動機と情熱）によって実現をみたものです。弊社の企画出版だったら、これほどに充実した、価値高い仕上がりが望めたかどうか。

　ゲラを読みながら、岩田さんを思い浮かべて、心の中で話しかけました。それは、葬儀が始まる前の式場で、たった一人で岩田さんの写真の前に立って話しかけて以来のことです。今、本書を手にされた岩田さんは、なんと言って喜ばれるでしょうか。感情豊かながらもウエットではなく、はっきりとした言葉で思いを伝える人でした。目頭を少し熱くしながら、その言葉に聞き耳を立てています。

　私が岩田さんと対話したなかで最も印象強く残るのは、御殿場警察署の、まるでテレビ・映画のシーンのような留置場面会室でのことでした。「命の山」（不老山）を語られた様子は、裁判所へ提出された私の陳述書に記しました（風人社HP参照）。後述する三宅岳さんと、私に陳述書を依頼された若い女性弁護士の小川正美さんの心こもるご尽力がなければ、高等裁判所でのホッとする最終判決を得ることは叶いませんでした。

　岩田さんは、大きな描きかけの道標を抱えて、電車内の乗客にそれを見せびらかしながら来社されたことがありました。駿河小山駅を早朝に出られたのか、賞味期限による値引きバナナと牛乳を持参で、会社で朝食を摂られていました。岩田さん、あのとき、本を出せなくてごめんなさい。

岩田さんとの出会いは、岡澤重男さんの『誰も知らない丹沢』（風人社・2006年）の出版が大きなきっかけになりました。そこから始まった岩田さんとのおつきあいのエピソードは、語り尽くせないほどたくさんあります。

　その本を写真家の三宅岳さんが書評で取り上げてくださり、山と溪谷社の雑誌や書籍で岩田道標を紹介していただきました。三宅さんこそ、マイナーな秘境だった西丹沢と、その山域に立てられたアートな道標と岩田さん自身のことを、山岳家たちの間に有名にさせた功績者でした。

　岩田さん。三宅さんによる道標写真集が、著者の浅井さんと三宅さんのお力で実現できましたよ。どうですか。しかも、著者の浅井さんが、道標の言葉を書き取って記録してくださいました。弊社も本づくりのお手伝いをさせていただく幸運を得ました。本書を手にされた岩田さんのちゃめな笑顔が目に浮かんでいます。

　本書へのたくさんのご協力者のことや、本書をどう活用していただきたいかについて、著者が記されています。版元として、多くの読者との出会いがありますよう、願ってやみません。

　西丹沢の山域に、道しるべに招かれて、道しるべに会いに、ぜひともお出かけください。もし、幸運にも残る道標を見つけられたら、岩田さんに話しかけてください。岩田さんの気さくな話し返しが聞けるはずです。

風人社代表　大森誠

あとがき

　ハイカーの一人として、山歩きの楽しみを増やしてくれた岩田さんの道し
るべを何とか残しておくことが出来ないか、そんな思いつきから、多くの方
の励ましとご協力をいただいて、まもなく本が完成しようとしています。私
一人では資料も経験も不足していて、とうてい完成にこぎつけることはでき
ませんでした。

　風人社の大森誠様には、初回の相談の時に「よい企画ですね」との嬉しい
お言葉を頂戴し、さらに写真家の三宅岳さんにも声をかけていただきまし
た。以前発行予定が中止されていた三宅さんの道しるべの写真が一部でも日
の目を見ることになったのは嬉しいことです。そして何より、この本にとっ
てこれ以上の幸運はありません。また、岩田さんと生前より親交を深めてい
らした三宅さんの写真が数多く掲載される本が世に出ることは、天国の岩田
さんにも喜んでいただけるのではないかと思います。

　ご協力いただいたHP、ブログの管理者の方々は、ハンドルネームしかわ
からない方もいらっしゃるので、ここでお名前を挙げることはできません
が、心から感謝申し上げます。突然の私からのお願いに快く情報、資料の提
供をいただきました。それぞれの方が岩田さんや道しるべとの出会いを楽し

◇◇◇

まれた様子、そして心温まるエピソード、その一つ一つが私の背中をグッと押してくれました。そして本の作成の計画に多くの方に励ましの言葉をいただいたことで思い切って一歩前に踏み出すことが出来ました。この本ではそれぞれの詳しいエピソードや記録は載せていませんが、今では見ることのできない古い道しるべのようすや、岩田さんご本人のお人柄がわかる楽しい内容です。ネットを見る機会のある方は、有効期限が切れる前に訪問してみて下さい。

　道しるべがなかったら出会うことがなかった皆さまと、力を合わせることでこの本が完成します。三宅様、大森様、HP、ブログ管理者の皆さま、ありがとうございました。三国山稜、不老山の山道のどこかで皆様と会えたら嬉しいです。残り少なくなってしまいましたけれど、道しるべに会いに行きましょう。
　最後に、魅力的な三国山稜を私に教えてくれて、不老山へも何度か一緒に歩いてくれた夫、浅井幸泰にも、この場を借りて感謝を伝えたいと思います。

（著者しるす）

参考文献

den.（2013年9月2日）. 岩田さんの不老さん標識サマリー. 参照先: denの段だらウォーキング日記３: https://38270487.at.webry.info/201309/article_1.html

Masato.M.（2010年10月30日）. 不老山に住む仙人！？ ～久米仙人が見たものは？～. 参照先: 峠の先に、道は続く: https://shoelessmm.blogspot.com/2010/10/blog-post_30.html

MW.（2009年11月21日）. 不老山. 参照先: 歩いてみましょう@神奈川県: http://mellwave.web.fc2.com/hiking/furosan03.htm

ribble.（2013年6月1日）. 山と温泉の風. 参照先: たまにはのんびり不老山: https://ribble.cocolog-nifty.com/blog/2013/06/post-78dc.html

s-ok.（2013年6月9日）. 山椒薔薇と道標　湯船山稜～天神山. 参照先: ようこそ！山へ!!: http://s-ok.my.coocan.jp/tan/d_tan/20130609yufune/20130609yufune.html

ハンス・シュトルテ.（1991年）.『続丹沢夜話』. 横浜市中区: 有隣堂.

ハンス・シュトルテ.（1995年）.『続続丹沢夜話』. 横浜市中区: 有隣堂.

ふみ.（2019年5月27日）. サンショウバラと道標（富士箱根トレイル）. 参照先: ふみの山とお酒の散歩道: https://ameblo.jp/fumihime-jp/entry-12464246488.html

みるく.（2014年6月4日）. サンショウバラと道標の不老さんへ. 参照先: おっかブログ: https://ameblo.jp/mikkobar/entry-11869730090.html

ムサママ.（2014年6月1日）. ムサママのおめでたい日々. 参照先: 丹沢の神様にあった話: https://ameblo.jp/kurikinton00/entry-11867995579.html

もー.（2014年6月3日）. サンショウバラを求めて. 参照先: モー日記: https://ameblo.jp/mi-mamo-ti/entry-11869143698.html

稲荷椀.（2015年5月27日）. 不老山♪手作りの案内板散策. 参照先: YAMAP: https://yamap.com/activities/91823

奥野幸道.（1994年）.『丹沢今昔』. 横浜市中区: 有隣堂.

岡澤重男.（2006年）.『誰も知らない丹沢』. 風人社.

工藤隆雄.（1996年）.『富士を見る山歩き』. 千代田区: 小学館.

田中昌樹.（2006年3月20日）. 不老山登山（浅瀬から駿河小山へ）. 参照先: Tanaka's Website: http://mukudori.com/outdoor/20050320/index.html

三宅岳.（2020年）.『ヤマケイアルペンガイド丹沢』. 千代田区: 山と溪谷社.

三宅岳.「道しるべは招くよ」（「山と溪谷」2009年12月号）.

浅井紀子（あさい・のりこ、旧姓吉田）
1956年、群馬県沼田市生まれ。東京、千葉を経て1965年から神奈川で育つ。神奈川県立鎌倉高校卒。横浜市立大学卒業後、神奈川県立高等学校の教諭となる。在職中休職し、慶應義塾大学大学院政策・メディア研究科修士課程修了。2015年3月早期退職後、以前から好きだった山歩きを楽しんでいる。

三宅岳（みやけ・がく）
写真家。1964年、東京生まれ。10歳より、神奈川最北の町藤野町（現在は相模原市）で育つ。現在も旧藤野町の山間に暮らす。東京農工大学環境保護学科卒業。ユズ編集工房を経てフリー。何でも撮るが、得意は山。なかでも、岩田氏の道標もある丹沢には格段の思いがある。他に北アルプス、近年では南アルプス前衛の入笠山は得意のエリアで、足繁く通う。また、炭焼きをはじめとする山仕事、林業の撮影にも力を入れている。主に雑誌や書籍に作品を発表している。
著書『炭焼紀行』（創森社）『アルペンガイド丹沢』（山と溪谷社）『山と高原地図 槍ヶ岳・穂高岳』など、他にも『十三戸のムラ輝く』（栗田和則氏などと共著・全国林業普及協会）をはじめ共著多数。

扉イラスト　浅井紀子

装丁・DTP　小菅めぐみ（風人社）

道しるべに会いに行く　丹沢・不老山周辺の岩田澗泉さんの道標

2020年9月26日　初版発行

著　者　　浅井紀子

発行者　　大森　誠

発行所　　株式会社 風人社
　　　　　〒201-0005　東京都狛江市岩戸南1-2-6-704
　　　　　TEL　03-5761-7941
　　　　　FAX　03-5761-7942
　　　　　homepage　http://www.fujinsha.co.jp

印　刷　　シナノ印刷株式会社

ISBN978-4-938643-94-2

風人社の本